한 줄
카피

일러두기

- 말맛을 살리고, 최대한 원문의 의도를 충실히 전달하고자 일부 의역된 카피가 있습니다.
- 2부의 각 인트로 페이지에 원 광고 이미지로 연결되는 QR 코드를 넣었습니다. 관심 있는 분들은 함께 보시길 권합니다.

한 줄 카피

정규영 지음

一行コピー

마음을 움직이는
스토리텔링 카피 수업

포르체

프롤로그

우연이 이끌어 준 150개의 인생 카피들

일본어 학원에 다시 등록한 것은 18년 만의 일이었다. 유튜브 알고리즘이 이끄는 곳에서 우연히 알게 된 마츠다 세이코의 1980년 발표곡 〈푸른 산호초(青い珊瑚礁)〉의 가사를 해석해 보다가 충동적으로 일본어 공부를 다시 시작했다. 그때만 해도 지금은 환갑이 넘은 40여 년 전의 일본 아이돌 가수의 영상에 빠진 것이, 얼마 후 책 집필로 이어질 거라고는 꿈에도 상상하지 못했다.

광고 일을 하고 있기에 자연스럽게 접하는 일본의 광고 자료들은 좋은 학습 교재가 됐다. 사실 원래도 일본 광고 카피에 대한 관심이 많았다. 20여 년 전 광고 회사에 입사해 처음 접한 일본의 광고 카피들은 멋진 광고를 만들겠다며 한껏 의욕에 넘치던 내 마음에 파장을 일으켰다. 당시의 자료는 일본어 원문 없이 한글로 번역된 카피만 소개하는 것들이었다. 그때부터 마음에 드는 일본 광고 카피들을 메모해 보관하기 시작했다. 2000년대 초반에 잠깐 초급 수준의 일본어 공부를 하면서는 쉬운 문장들을 직접 해석해 보기도 했다.

오랜만에 한 일본어 공부는 재미있었다. 좋아하는 일본 카피가 교재가 되니 공부에 더 불이 붙었다. 일본어를 공부할수록 원어로 이해할 수 있는 카피가 많아졌다. 그러면서 예전에 기록해 둔 카피의 원문을 찾아보기도 하고, 일본의 광고 사이트와 일본의 광고 서적, 연감 등의 자료에서 몰랐던 새로운 좋은 카피들을 찾기 시작했다.

그렇게 몇천 개의 카피를 모았다. 그 과정은 좋은 일본어 공부이자 광고, 그리고 글쓰기 공부가 됐다. 카피를 수집하면서 저절로 배우는 것들이 생겼다. 공감하는 글은 어떻게 써야 하는지, 좋은 아이디어의 발상은 어디서 시작하는지에 대해 자연스레 생각하고 발전시킬 수 있었다. 어떤 카피는 세상을 새롭게 보게 했고, 어떤 카피는 용기를 줬다. 또 다른 카피는 가족에 대한 사랑을 일깨웠고, 때로는 나의 부족함을 되돌아보게 했다. 이 카피들을 다시 읽고 되새기는 것만으로도 벅찬 마음이 들었다.

이렇게 발견한 카피들을 혼자만 알고 있기엔 너무 아쉬웠다. 광고와 카피, 글쓰기에 관심 있는 사람들과 공유하고 싶어 브런치에 좋은 카피를 소개하기 시작했다. 폭발적인 반응을 받은 것은 아니지만, 조금씩 구독자도 늘어나고 내 글을 기다려 주시는 분들이 생기기 시작했다. 좀 더 많은 사람에게 알리기 위해 인스타그램에도 업로드했다.

브런치와 인스타그램의 구독자가 늘어나면서 출판사에서 출간 제의가 오기 시작했고, 여러 매체에서 기고 요청도 들어왔다.

그중 하나의 결실이 이 책이다. 여기에 실린 글은 브런치에 올렸던 것들을 가다듬어 완성한 것이다. 100편의 인생 카피 리스트와 50편의 카피에 관한 이야기가 담겨 있다. 2부에는 카피가 쓰인 광고에 대한 설명뿐 아니라, 카피가 다루고 있는 주제와 관련된 나의 이야기도 함께 담았다. 왜 그 카피에 내가 감응했는지를 말하려다 보니 내 생각과 이야기가 자연스럽게 이어질 수밖에 없었다. 오랫동안 광고를 만들면서 상업적인 글쓰기만 했던 터라, 나를 글로 드러내는 일은 조금 두려웠다. 그러나 솔직한 이야기에 귀 기울여 주고 공감해 주는 사람들이 많아, 용기를 얻어 계속 써 나갈 수 있었다. 글을 쓰면서 나에 대해 새롭게 발견하고, 성찰하는 계기도 됐다. 이렇게 출간으로까지 이어졌으니 더할 나위 없는 선물로 돌아왔다.

이 책은 총 2부로 구성돼 있다. 1부에는 나에게 영감을 준 100편의 일본 광고 카피를 소개한다. 1970년대 후반부터 최근까지 발표된 광고들이다. 2부에는 5장에 걸쳐 세상, 사회, 인생, 광고와 글쓰기 그리고 가족에 대한 생각을 일깨우는 카피를 소개한다.

여기에 실린 모든 카피들은 내가 직접 해석한 것이다. 가급적 원문에 충실하려고 노력하면서도 한글로 번역됐을 때의 말맛을 살리거나, 원문의 의도를 더 충실히 전달하기 위해 의역을 하기도 했다. 정확을 기하기 위해 일부 카피들은 일본 현지에 거주 중인 일본어 선생님과 일본어에 능통한 지인의 의견을 참조했다. 해당 카피가 나온 연도도 함께 표기했다. 정확한 게재 시기를 확인하기 어려운 경우는 카피 연감에 등재된 연도를 적었다. 실제 집행된 연도와 카피 연감에 게재된 연도는 같은 경우도 있고, 1년 정도 차이가 나기도 한다. 시기적 맥락을 함께 파악하는 것이 카피의 이해에 도움이 되기에 약간의 차이는 감수하기로 했다.

이 책에 소개된 문장들이 일본 카피를 좋아하는 개인의 기록과 감상에 그치지 않고, 독자분들과 공명하여 새로운 영감과 아이디어로 승화되길 바라며, 본격적인 이야기를 펼쳐 볼까 한다.

목차

1부

일본 명카피 컬렉션 100

2부

한 줄 카피 이야기

1장 세상을 다르게 보게 하는 한 줄

2장 인생을 생각하게 만드는 한 줄

3장 성장을 꿈꾸게 하는 한 줄

4장 광고와 글쓰기에 힌트를 주는 한 줄

5장 가족을 돌아보게 만드는 한 줄

1부

일본
명카피 컬렉션
100

001

10대 때 흥얼거린 노래를
사람은 평생 흥얼거린다.

10代で口ずさんだ歌を、
人は一生、 口ずさむ。

소니 워크맨 TV 광고 (2009)

002

예전엔 싼 술을 마시며 꿈 얘기만 했다.
요즘은 비싼 술을 마시며 돈 얘기만 한다.

昔は安い酒で夢のことばかり話してた。
最近は高い酒で金のことばかり話してる。

스낵바 사쿠라 포스터[1]

003

20살은 아직 어른으로 0살.
넘어지고, 주저하고, 당연하잖아.

ハタチはまだ、オトナ0才。
転んで、迷って、当たり前。

와코루 AMPHI 인쇄 광고 (2021)

004

좋아하게 된 과목에는
좋아하게 해 준 선생님이 있다.

好きになった教科には、
好きにしてくれた先生がいる。

일본교육대학원 대학 포스터 (2015)

005

새로운 것을 시작하면
인생의 등장인물이 달라진다.

新しいことを始めると、
人生の登場人物が変わる。

라이프스타일 잡지 FILT 74호 (2015)

006

내일 할 수 있는 일을
오늘 하지 마라.

明日できることを
今日やるな。

유키지루시 유업 옥외 캠페인 (2022)

007

결국 엘리베이터 인간은 패배한다.

しょせん、エレベーター人間は敗北する。

홋카이도 식량사업연합회 인쇄 광고 (1977)

고백받았다.
이번엔 천천히
사랑해야지.

告白された。
こんどは、ゆっくり
恋をしようと思う。

요시노가와 신칸센 광고 (2013)

009

날개 같은 건, 필요 없어.

羽なんか、いらないよ。

포카리스웨트 TV 광고 (2022)

010

**도시는 인간이 만들고
시골은 신이 만든다.**

都会は人がつくり、
田舎は神がつくる。

도야마현 난토시 관광 홍보 포스터

011

사진가로 숲에 들어가
시인이 되어 나왔다.

写真家として森に入り、
詩人となって出ていった

올림푸스 신문 광고 (1983)

012

촬영은
사냥감을 죽이지 않는 사냥이다.

撮影は
獲物を殺さぬ狩りだ。

캐논 신문 광고 (1980)

013

습관이 된 노력을
실력이라 부른다.

習慣になった努力を、
実力と呼ぶ。

카와이학원 포스터 (2011)

014

일요일 저녁 무렵부터는
이미 월요일이다.

日曜日の夕方からは、
もう月曜日だ。

라쿠텐 트레블 인쇄 광고 (2007)

015

당신이 지금 그만두고 싶어 하는 회사는
당신이 들어오고 싶어 했던 회사입니다.

あなたがいま辞めたい会社は、
あなたが入りたかった会社です。

리쿠르트 인재 센터 인쇄 광고 (1998)

016

저 사람도,
한잔해 보면 좋은 사람일지 몰라.

あの人も、
一杯やればいい人かもネ。

산토리 위스키 신문 광고 (1999)

017

이별이 사람을 강하게 만든다면
평생 약해도 좋다고 생각했다.

別れが人を強くするなら、
一生弱くていいと思った。

서일본 전례 포스터 (2012)

018

말이 없어지는 건
하고 싶은 말이 없어서가 아니다.
그 반대다.

無口になるのは、
話したいことがないからじゃない。
その反対。

P-Mate 포스터 (2011)

019

모험이 부족하면
좋은 어른이 될 수 없어.

冒険が足りないと
いい大人になれないよ。

JR청춘18티켓 인쇄 광고 (2002)

020

우연은 우연히 일어나지 않는다.

偶然は、偶然に起きない。

earth music & ecology 포스터 (2021)

021

어제의 나를 오늘 조금 뛰어넘는다.
모든 꿈은, 반드시 그 반복으로 이루어진다.

昨日の自分を 今日、少し越える。
すべての夢は、きっと その繰り返しで叶う。

카와이학원 포스터 (2017)

그 사람의 사진이 갖고 싶어서
친구들 모두를 찍고 있다.

あの人の写真が欲しくて、
友達みんなを撮っている。

올림푸스 인쇄 광고 (2008)

023

기적은 우연을 가장하여,
노력하는 사람 앞에 나타난다.

奇跡は偶然を装って
頑張る人の前に あらわれる。

리쿠르트 브랜드 메시지 광고 (2017)

024

아무 것도 하지 않으면,
아무 일도 일어나지 않는다.

何もしなければ何も起きない。

ANA 신문 광고 (2012)

걷기 편한 신발이 좋다.
인생은 대부분 멀리 돌아가니까.

歩きやすい靴がいい。
人生はほとんどが遠回りだから。

타미 후지야 인쇄 광고 (2014)

026

아직 발견되지 않은 사람만이
시대를 바꿀 수 있다.

まだ見つかってない人だけが、
時代を変えられる。

레프로엔터테인먼트 포스터 (2021)

027

단 하루만이라도
인생의 어딘가로 되돌아갈 수 있다면
그 여름의 오후가 좋겠어.

もし1日だけ
人生のどこかに戻れるとしたら、
あの夏の午後がいい。

오후의 홍차 TV 광고 (2023)

028

누군가로 끝나지 마라.

だれかで終わるな。

도쿄조형대학 홍보 영상 (2021)

눈을 감아야 보이는 색이 있습니다.
음색입니다.

目を閉じて見える色がある。
音色です。

세이노 모모카 팜플렛 (2015)

030

총리나 대통령이 바뀌는 것보다
앞머리 1mm에 내 세상은 바뀐다.

総理大臣や大統領がかわるより、
前髪1ミリで わたしの世界はかわる。

WARP 헤어 크래프트 포스터 (2013)

031

매일, 목숨 걸고 살아가는 물고기를
놀이로 이길 수는 없는 법이다.

毎日、命懸けで生きている魚に、
遊びで勝てるわけがない。

이시구로 포스터 (2013)

032

인류는 달에 가서도 영어로 말한다.
〈어린이 영어 회화 교실〉

人類は、月へ行っても英語を話す。
〈子ども英会話〉

STA 잉글리쉬 리더 포스터 (2012)

033

부품이 되지 마라.
부품을 만들어라.

部品になるな。
部品をつくれ。

닛세이 전기 홍보 영상 (2020)

034

직업을 물었더니
회사 이름으로 답하는 녀석에게, 지지 않겠다.

仕事を聞かれて、
会社名で答えるような奴には、負けない。

리쿠르트 가텐 포스터 (1998)

035

인생에는 지도도 네비도 없어.
그래서, 꿈이 필요한 거야.

人生には地図もナビもない。
だから、夢が必要だ。

칸포생명 인쇄 광고 (2016)

036

“꿈을 이루기에 인생은 짧아.”
“포기하기에는 너무 길지.”

『夢をかなえるには人生は短い』
『あきらめるには人生は長すぎる』

earth music & ecology TV 광고 (2012)

037

내 앞을 가로막고 있는 것은
벽이 아니라 문일지도 몰라.

目の前に立ちはだかるのは
壁ではなく、扉かもしれない

리쿠르트 브랜드 메시지 광고 (2017)

머리를 자른 날
거리는 나의 거울이 된다.

髪を切った日、
街はわたしの鏡になる。

헤어살롱 SORA 포스터 (2017)

039

인간은 행동한 것에 대한 후회보다
행동하지 않은 후회가 깊이 남는다.

人間は行動した後悔より
行動しなかった後悔の方が深く残る。

다이와증권 TV 광고 (2006)

040

**전력을 다해 실패할 수 있다면,
성공 따위는 뛰어넘을 수 있어.**

全力の失敗ができたなら、
成功なんて飛び超える。

루미네 포스터 (2023)

041

인생을 세 단어로 말하면

Boy meets girl

人生を3つの単語で表すとしたら

Boy meets girl

유나이티드 애로우즈 인쇄 광고 (2003)

하지 않는 이유를
찾는 것이 능숙해지면
성장은 멈춘다.

やらない理由を
探すのがうまくなると、
成長は止まる。

리쿠르트 글로벌 리더십 인턴 프로젝트 포스터 (2014)

043

1초 앞이라도
그곳은 미래다.

1秒先でも
そこは未来だ。

니시테츠 그룹 TV 광고 (2022)

044

일어날 때 생각했다, 벌써 월요일인가.
자려고 누워 생각했다, 아직 월요일인가.

起きた時、もう月曜か、と思った。
寝る時、まだ月曜か、と思った。

요메이슈 인쇄 광고 (2002)

045

오늘 밖에 없다고 생각하면 말할 수 있을까
"당신을 좋아해요."

今日しかないと思えば、言えるかなぁ
「あなたが好きです。」

크레디트 세존 인쇄 광고 (1990)

사랑과 계절은
뒤쫓아선 안 된다.

恋と、季節は、
追いかけてはいけない

파파스앤마마스 포스터 (2012)

047

시작하면, 시작된다.

はじめると、はじまる。

아사히 신문 옥외 광고 (2014)

048

앞날이 보이지 않는 건
정상입니다.

将来が見えないのは、
正常です。

NTT 커뮤니케이션즈 포스터 (2007)

외운 말은 언젠가 잊는다.
응원 받은 말은 평생 잊지 않는다.

暗記した言葉は、 いつか忘れる。
応援された言葉は、 一生忘れない。

나고야청도 메이테츠 사쿠라 프로젝트 옥외 광고 (2019)

050

사랑은 먼 옛날의 불꽃이 아니다.

恋は遠い日の花火ではない。

산토리 뉴올드 TV 광고 (1996)

051

말하지 않아도 알 수 있다.
말하면 더 잘 알게 된다.
가족이니까.

話さなくてもわかる、
話せばもっとわかる。
家族だからね。

아지노모토 제너럴푸드 TV 광고 (1992)

미래는 멋대로 전진하지 않는다.
나아가게 해 온 사람들이 있다.

未来は 勝手に進まない。
進めてきた 人たちがいる。

아사히 신문 외, 세계 여성의 날 기념 인쇄 광고 (2021)

053

**조만간 해야지 생각하고 있었더니
인생이 반쯤 끝나 있다.**

そのうちやろう思っていたら、
人生半分終わってた。

리차드 한 스피치아카데미 포스터 (2003)

054

불경기를 핑계 삼으면,
인생의 절반이 핑계가 된다.

不景気を言い訳にすると、
人生の半分は言い訳になる。

리쿠르트 커리어 포스터 (2014)

055

엄마가 엄마라서 다행이야.

お母さんがお母さんでよかった。

도코모 NTT 신문 광고 (2015)

056

정말로 외로운 사람은
혼자서 술을 마신다거나 하지 않을 거다.

ほんとうに寂しい人は
ひとりで飲んだりしないだろう。

Bar 포레스트 포스터 (2002)

057

푹 쉬려고 생각해도
요즘, 쉬는 방법을 모르겠어.

ゆっくり休もうと思っても、
最近、休み方が分からない。

미나미치타조 관광협회 포스터 (2016)

058

쓸데없는 짓인지 아닌지는
스스로 결정한다.

ムダかどうかは、
自分で決める。

카이그룹 인쇄 광고(2020)

059

‘여성 최초’가
뉴스가 되지 않는 날까지.

「女性初」が、
ニュースなんかじゃなくなる日まで。

메종에이블 신문 광고 (2018)

마음도 근육이니까
움직이지 않으면 안 돼.

心も筋肉だから
動かさなくちゃ。

ANA 포스터 (2020)

061

꿈은 말로 하면 강해진다.

夢は、口に出すと強い。

슈에이샤 신문 광고

062

별의 수만큼 사람이 있고
오늘 밤 당신과 마시고 있다.

星の数ほど人がいて、
今夜あなたと飲んでいる。

산토리 신문 광고 (2006)

모른다는 것을 아는 것은
공부가 진전된 증거입니다.

「わからない」とわかるのは、
勉強が進んだ証拠です。

일본교육대학원 대학 포스터 (2015)

좋아합니다, 라고 말하지 않고
그 노래 좋아해요, 라고 말했다.

好きです、と言えずに
その曲好きです、と言った。

소프트뱅크 포스터 (2019)

젊으니까 아직 괜찮아.
그 아직은 언제까지일까?

若いからまだ大丈夫。
その「まだ」って いつまでだろ?

파나소닉 뷰티 포스터 (2014)

066

망설이니까 청춘이다.

迷うって、青春だ。

맥도날드 TV 광고 (2021)

067

**맥주는 인생의 일부를
슬로모션으로 만들어 준다.**

ビールは人生の一部を
スローモーションにしてくれる。

산토리 버드와이저 (1987)

068

부엌을 떠나며 자립한 여자들.
남자들은 부엌을 가지며 자립한다.

キッチンを出ることで、自立した女性たち。
僕たちは、キッチンを持つことで自立する。

도시바 신문 광고 (1980)

069

예의에는 국경이 없다.

「礼」に、国境はない。

도쿄지하철 옥외 광고 (2020)

드럼을 치기 전에는
사람을 치는 게 일이었다.

ドラムを叩く前は
人を殴るのが商売だった。

야마하 드럼 인쇄 광고 (1977)

071

자신의 생각이 없는 사람일수록
주어가 거창해진다.

自分の考えがない人ほど
主語が大きくなる。

아이큐브드 시스템즈 옥외 광고(2022)

072

몰래 보고 싶은데
찾을 수가 없네.
그것이 바로, 가격표.

こっそり見たいのに、
見つからない。
それが、値札。

세디나 카드 포스터 (2014)

073

사랑에는 중요한 것이 세 가지 있다.
만나는 법, 헤어지는 법,
그리고 잊는 법.

恋には大事なことが三つある。
出会い方、別れ方、そして、忘れ方。

다카하시 마리코 앨범 포스터 (2012)

074

좋아한다는 걸 깨닫고
더 이상, 창밖밖에 볼 수 없었다.
바깥 풍경이 이랬구나.

好きだ、と気づいて
もう、 窓の外しか見れなくなった。
景色は こんな風だったっけ。

니시테츠 그룹 TV 광고 (2023)

075

여름으로부터 도망친 자는, 변명을 말한다.
여름과 싸운 자는, 꿈을 말한다.

夏を逃げた者は、言い訳を語る。
夏を戦った者は、夢を語る。

베네세 진연세미 고교강좌 포스터 (2011)

076

고향이 2개가 되는 것이
결혼이었구나.

故郷が、二つになることが、
結婚だったんだね。

JR**東日本** 포스터 (1988)

077

너무 좋아하는 사람과 있을 때에만
너무 싫어하는 내 모습이 나와 버린다.

大好きな人といるときに限って
大嫌いな自分がでてきてしまう。

P-mate 포스터(2011)

078

올해 못하고 남겨 둔 일은
대부분
내년에도 남겨진다.

今年やり残したことは
たいてい、
来年もやり残すから。

베르릿츠 재팬 영어학원 포스터 (2013)

국사도, 세계사도,
시작은 누군가의 개인사였다.

日本史も、世界史も、
はじめは誰かの自分史だった。

코마자와대학 포스터 (2010)

결혼이 인생의 무덤이라면
이혼은 무덤에서의 생환.

結婚が人生の墓場なら、
離婚は、墓場からの生還。

산와교통 잡지 광고 (2014)

081

공감이 있는 곳에는, 반감도 있다.
반감이 있는 곳에는, 공감도 있다.
둘 다 없는 곳에는, 아무것도 없다.

共感があるとこには、反感もある。
反感があるとこには、共感もある。
どっちもないとこには、なんにもないよ。

earth music & ecology X(구 트위터) (2021)

그것은 한계점인가, 통과점인가.
답은, 이 길의 끝에 있다.

それは限界点か。それとも通過点か。
答えは、この道の先にある。

토요타 신문 광고 (2020)

거대한 목표와 가까운 목표.
두 가지 목표가
나를 앞으로 나아가게 한다.

大きな目標と、身近な目標。
ふたつのゴールが、
自分を前へと進めてくれる。

베네세 진연세미나 신문 광고 (2014)

사람이 상상할 수 있는 것은,
반드시 사람이 실현할 수 있다.

人が想像できることは、
必ず人が実現できる。

토요타 신문 광고 (2020)

**육아를 하지 않는 남자를
아버지라 부르지 않는다.**

育児をしない男を、
父とは呼ばない。

일본 후생성 포스터 (1999)

086

**유용한 정보만 좇다 보면
무용한 사람이 될 것 같다.**

役立つ情報ばかり追いかけていると、
使えない人間になりそうだ。

사이조 잡지 광고 (2009)

087

사람만이
눈을 뜨고 꿈을 꾼다.

人間だけが、
目をあけて夢をみる。

미쓰이물산 TV 광고 (2013)

인생은 엄청 길거든.
어디서 이길지 어디서 질지 모르는 거야.

人生ってむっちゃ長いんやで。
どこで勝つかどこで負けるかわからへん。

후쿠이 신문 광고 (2010)

몇 번을 반복해도,
사랑은 첫사랑.

何度目だって、
恋は初恋。

라이프스타일 잡지 FILT 121호 (2023)

090

진심으로 신뢰하는 사람을
떠올려 보세요.
그 사람은 '예스맨'인가요?

心から信頼している人を
思い浮かべてください。
その人は、「イエスマン」ですか。

미츠비시 UFJ 모건-스탠리 PB증권 포스터 (2016)

091

땀은 너를 위해 흐른다.

汗は君のために流れる。

포카리스웨트 포스터 (2019)

디지털 기술이 진화해도
산사태를 막고 있는 것은
철사입니다.

デジタル技術が 進化しでも、
土砂崩れを 防いでいるのは、
針金です。

사쿠라 테크 포스터 (2023)

093

어른인 척 잘하는 사람이
어른일 뿐이야.

大人のフリが 上手な人が、
大人なだけだよ。

〈도라에몽: 진구의 달 탐사기〉 포스터 (2019)

누군가를 위해 태어난 말을
'카피'라고 부른다.

誰かのために生まれた言葉を、
「コピー」と呼ぶ。

선전회의 카피라이터 양성과정 Web 광고

095

싸우지 않는 자야말로 패배자다.

戦わない者こそ敗者だ。

NHK 드라마 타이라노 키요모리 포스터 (2012)

096

어떤 꿈도
수첩에 적으면 계획이 된다.

どんな夢も、
手帳に書けば、計画になる。

일본능률협회 능률수첩 신문 광고 (2012)

'나'라는 소수 의견을
혼자서 응원하고 있다.

ワタシという少数意見を、
ひとりで応援しています。

원워드 TV 광고 (2008)

오늘은 곧 내일이 된다.
어제도 된다.

今日はすぐに明日になる。
昨日にもなる。

일본우정공사 신문 광고 (2005)

099

아저씨라기 보다는,
‘소년의 베테랑’에게.

オジサンというより、
少年のベテランに。

맨담 루시도 신문 광고 (2021)

100

세상을 바꾸지 않는,
훌륭한 사람이 되어라.

世界を変えない、
立派な人になれよ。

큐슈 에코라이프 포인트 포스터 (2017)

2부

한 줄
카피
이야기

1장

세상을 다르게 보게 하는 한 줄

이노베이션은
이런 모습으로 갑자기 나타난다.

イノベーションは、
このような形で突如現れる。

다이닛폰인쇄 신문 광고 (2020)

서태지, 286 컴퓨터 그리고 인공지능

"리듬은 좋은데 멜로디는 신경을 안 쓴 것 같다." _작곡가 하광훈

"가사가 새롭지 않다." _작사가 양인자

"춤동작이 커서 섬세한 노래가 묻힌다." _연예평론가 이상벽

"새롭긴 한데 평가는 시청자에게 맡기겠다." _가수 전영록

1992년의 어느 날, MBC 〈특종 TV연예〉의 '신인무대'에서 3인조 댄스그룹이 받은 전문가 평이다. 무대를 마치고 긴장된 표정으로 평가를 듣던 청년들이 받은 평점은 평균 7.8이었다. 이후 프로그램이 없어질 때까지 이보다 낮은 점수를 받은 출연자는 없었다. 이들은 해당 코너의 역대 최저점 출연자로 남았다. 음악계를 완전히 바꿔 버리고 대중문화와 한국 사회에까지 지대한 영향력을 남긴 '서태지와 아이들'의 등장은 그래서 더욱 드라마틱했다.

전문가들의 평가는 냉정했다. 몇십 년간 한국 대중음악의 대세였던 트로트와 발라드에 젖어 있던 그들의 눈과 귀에 3인조의 무대는 익숙하지 않았다. 그들은 천편일률

적인 대중음악에 염증을 느끼던 젊은이들의 갈증을 이해하지 못하고 있었다. 전문가들은 이들의 음악에 낮은 점수를 줬지만, 젊은이들은 열광했다.

서태지가 나올 무렵, 나는 학보 기자였다. 처음으로 총학생회실과 학보사에 PC가 들어오던 때였다. 40메가짜리 하드가 달린 286 삼보컴퓨터. 타이핑을 할 줄 알던 나와 다른 한 명의 친구가 원고지 대신 아래아 한글 1.5판으로 기사를 쓰기 시작했다.

놀라웠다. 기사를 수정할 때마다 원고지에 다시 쓸 필요 없이 모니터를 보며 편집하고 수정하면 그만이었다. 그 전까지 학생 기자들은 학보 로고가 박힌 원고지에 기사를 써서 선배들에게 평가받았고, 몇 번씩 다시 쓰는 일은 예사였다. 적지 않은 양의 기사를 여러 번 원고지에 반복해서 쓰며 고치는 것은 곤욕이었다. 그런데 워드프로세서로 글을 쓰니 새 세상이 열린 듯했다. 기사 작성 시간이 줄어들었고, 글의 수준도 높아졌다. 혁신이란 이런 것이었다.

그러다가 우연히 학보사를 찾은 한 퇴임 선배에게 야단을 맞게 되었다. '글이란 원래 원고지에 손으로 꾹꾹 눌러 써야 하는 것'이라는 이유에서였다. '그럼 아예 먹을 갈아서 붓으로 써야 하지 않나요?'라는 말이 목구멍 끝까지 차 올라왔으나, 얌전히 듣고만 있을 수밖에 없었다. 선배의 눈에는 빠른 속도로 썼다 지웠다 하는 모습이 생각 없이 가볍게 글을 쓰는 것처럼 보였던 것 같다. 그러나 컴퓨터로 쓰는 흐름은 선배가 막아서서 멈출 수 있는 것이 아니었다. 금세 모든 기자가 컴퓨터로 기사를 쓰게 됐다.

새로운 것이 처음 등장할 때 기존의 관념과 질서에 익숙한 사람들은 선뜻 받아들이지 못하는 경향이 있다. 새로운 시대를 만들 혁신적인 것일수록 기존 질서의 저항감은 더 크다. 바로 이 점을 상징적인 이미지로 보여 주는 광고가 있다. 1876년 설립된 인쇄 회사 DNP(大日本印刷, 다이닛폰인쇄)의 신문 광고다. 이 광고는 1896년 아테네 올림픽 육상 종목의 출발 직전 사진을 메인 이미지로 활용했다.

광고에는 출발선에 선 선수들의 모습이 보인다. 모두가 두 발로 선 채로 두 팔을 자신들의 스타일대로 자유롭게 두고 있다. 그런데 한 선수만이 땅바닥에 양손을 받쳐 대고 있다. 그 사진 위에 작은 글씨가 쓰여 있다.

그때 관중들은 이상한 광경을 목격합니다.
한 선수가 양손을 지면에 대고 있던 것입니다.

그리고 사진 밑에 있는 헤드라인이 이 광고의 주제를 명확하게 말해 준다.

이노베이션은

이런 모습으로 갑자기 나타난다.

イノベーションは、

このような形で突如現れる。

스탠딩 스타트가 당연하던 시절, 소위 크라우칭 스타트(Crouching Start)를 처음 선보이며 금메달을 딴 미국의 토머스 버크 선수의 이야기다. 단거리 경주에서 균형을 잡아주면서 순발력을 최대한 이용할 수 있는 스타트법이라 지금은 당연하게 여겨지고 있다. 그러나 처음 이 자세를 봤을 때는 많은 이가 기이하게 생각한 것이다. 이 광고의 바디 카피는 자세히 설명을 이어간다.

이처럼 세상에 갑자기 나타난 혁신은

처음엔 이상하게 보일 수 있습니다.

그러나 그것이 새로운 상식으로 바뀌어

세상의 당연한 것이 되어 가는 것입니다.

광고는 DNP가 혁신을 앞서 만들어 가겠다는 다짐으로 마무리된다.

'머지않아 세상의 당연한 것이 될 새로움'을 받아들이

는 양태는 사람마다 다르다. 사람의 성향에 따라 다르고, 종사하는 업종에 따라서도 다르다. 어떤 이는 먼저 눈치챌 것이고, 어떤 이는 금세 따라올 것이다. 그리고 어떤 이는 끝까지 버티고 있을 것이다.

컴퓨터로 기사를 쓰고 서태지에 감탄하던 20대 초반의 그 학생은 오래전에 기존 질서를 상징하는 나이에 접어들었다. 그리고 20년이 넘는 시간을 광고업에 종사하고 있다. 기존 광고 시장에 익숙해져 있는 시각에서 보면, 지금은 낯선 미디어와 기술들이 몰려들고 있는 때이다. 모바일과 인터넷 중심의 광고 시장에 겨우 적응하나 했더니, 이제는 AI 열풍이다. 챗GPT, AI 이미징, AI 카피라이팅, AI 영상 제작 등에 대한 이야기로 뜨겁다. 변화의 속도도 빠르다.

대단한 리더가 되지 못하더라도 열린 선배가 되고 싶다. 그러나 이마저도 쉽지 않은 세상이다. 세상을 꿰뚫어 보며 리드할 수 없다면, 계속 배우고 따라가려는 노력이라도 해야 한다. 최소한 '달리기란 원래 선 채로 출발하는 것'이라며 다음 세대의 길을 막아서지는 말아야 하니까.

고마워요 토요타

ありがとうトヨタ

혼다 F1 최종 경기 신문 광고 (2021)

경쟁자에게 보내는 감사의 힘

"적기(敵機)를 찍으셨더군요."

20년 전쯤 톱 클래스에서 한참 잘 나가던 어느 CF 감독에게 있었던 일이다. 내가 진행하던 한 다국적 기업의 TV 광고의 연출자로 섭외된 그 감독은 편집실에서 함께 작업을 하다 이야기를 들려줬다.

PPM(Pre-Production Meeting, TV 광고 제작을 위한 사전 회의)을 위해 모 항공사를 방문했을 때의 일이라고 한다. 회의에 참석한 임원 한 사람이 감독의 포트폴리오에서 경쟁사 광고를 보고는 "적기를 찍은 적이 있다"라고 농담했다는 것이다. 당시 웃으면서 넘어갔지만, 살짝 등골이 오싹해졌다고 한다. 빨간 깃발의 적기(赤旗)도, 좋은 시기의 적기(適期)도 아닌 적의 비행기, 적기(敵機)이다.

임원은 아이스 브레이킹을 위해 던진 유머였겠지만, 두 국내 대형 항공사 간 치열했던 경쟁의식의 단면이 고스란히 느껴지는 대목이다. 비즈니스에서 경쟁은 총만 안

들었지, 실제 전쟁에 가깝다는 것을 상징적으로 보여준다. 경쟁에서 지면 담당자가 문책당하기도 하고, 부서가 없어지기도 한다. 나아가 기업이 세상에서 결국 사라지기도 한다. 그만큼 기업 간의 경쟁은 첨예할 수밖에 없다. 이런 이해관계는 비즈니스 현장의 엉뚱한 곳에서 드러나기도 한다. 경쟁사의 비행기를 '적기'라고 부르는 농담은 귀여운 편이다.

자동차 기업에서 자사를 방문한 외부 방문객이 경쟁사의 차를 타고 오면 출입을 불허하는 경우가 있다. 회의 때문에 멀리서 온 손님이 외부 유료주차장에 주차하고 방문하곤 한다. 나도 자동차 기업에 업무차 방문할 때 겪어본 일이다. 비교적 큰 경쟁 PT라 여러 사람이 여러 차에 나누어 타고 방문했다. 해당 기업의 차는 회사 안으로 간단히 진입했지만, 다른 브랜드의 차는 외부에 주차를 해야 했다.

전자제품이나 스마트폰 등의 경우 경쟁사 제품은 소지하지 않는 게 예의다. 거의 일정한 클라이언트와 일하게 되는 광고대행사와 달리 여러 회사와 일을 하기도 하는 프로덕션은 노트북을 브랜드별로 갖추기도 한다. 삼성전자와 회의할 때는 삼성 노트북을, LG전자와 회의할 때는 그램을 들고 간다고 한다.

광고 표현물의 경우는 어떠한가. 미국의 펩시 vs. 코크, 버거킹 vs. 맥도날드의 경우처럼 첨예하게 공격하는 광고도 있다. 나라마다 업종마다 다르겠지만 대부분의 광고는 제품력의 우위를 전달하기 위한 싸움이 치열하다. 경쟁사의 표현물을 과대 광고로 문제 삼는 경우도 많다. 그러다 보니 경쟁사와 관계가 좋을 수 없다.

그런 상황을 생각해 보면, 경쟁사를 일일이 거론하며 감사의 뜻을 표한 혼다의 광고는 매우 진귀한 케이스다. 아래는 혼다가 F1에서 철수를 선언한 뒤, 마지막 레이스에 참여하면서 낸 광고의 문구다.

고마워요 페라리

고마워요 로터스

고마워요 브래범

고마워요 맥라렌

고마워요 윌리엄스

고마워요 르노

고마워요 메르세데스

고마워요 토요타

처음 F1에 도전했던

1964년의 어느 날부터 지금까지의

모든 경쟁자들에게 감사드립니다.

응원해 준 모든 사람들,

모든 드라이버들

엄중한 싸움을 함께 헤쳐 나온

레드불, 알파타우리,

모든 동료들에게 감사드립니다.

자, 마지막, 다녀오겠습니다.

실제로 혼다의 관계자들이 저렇게 생각하는지는 알 수 없다. "고마워요 토요타"로 광고를 내고 안에서는 토요타 캠리나 프리우스를 적차(敵車)라고 하는지는 모르는 일이다. 그러나 100% 진심은 아닐지라도 경쟁사들에 대한 존경심과 감사를 광고로 낸다는 것 자체가 대단하다. 치열한 비즈니스 전쟁터에서 큰 용기와 결심 없이는 불가능한 일이다. 광고가 게재된 후 적지 않은 반향이 있었던 것 같다. 이 문구를 직접 쓴 광고대행사 덴츠의 카피라이터 미시마 쿠니히코는 경쟁사에 감사를 보낸 광고에 '눈물이 날 것 같다', '마음이 울컥했다'는 메시지를 많이 받았다고 인터뷰에서 밝히기도 했다.[2]

상대를 낮출수록 내가 낮아지고, 상대방을 높일수록, 실제로는 내가 더 높아진다는 것은 많은 사례가 보여 준다. 2020년 92회 아카데미상 시상식에서 봉준호 감독이 수상소감으로 감독상 경쟁 후보였던 마틴 스콜세지에 대한 존경을 표현한 것도 그런 사례다. 크리스티아누 호날두가 엄청난 축구 실력에 비해 존경받지 못하는 것에는 경쟁자에 대한 태도도 한몫한다.

우리의 현실로 돌아와 보면, 어떤 경쟁의 상황에서 상대방을 치켜세우는 것은 이론처럼 쉽게 되는 일은 아니다. 경쟁이라는 단어는 싸움을 뜻하는 한자 경(競)과 역시 싸움을 뜻하는 한자 쟁(爭)으로 이뤄졌다. 경쟁의 본질은 싸우는 것이다. 한참 싸우고 나서 '너 대단해'라고 치켜세우는 일은 예전 청춘 드라마에서나 보던 클리셰일 뿐이다. 평생 한 번이라도 직접 보기 힘든 장면이다.

우리는 이 세상에 나오는 순간부터 경쟁 위에 놓인다. 유치원 때부터 남보다 앞서가기 위한 교육 환경을 찾는다. 학교와 학원에서의 교육도 필요한 내용을 익히기 위한 것보다는, 남보다 앞서기 위한 것으로 바뀐다. 성적순으로 세워진 줄의 앞자리에 서기 위한 경쟁에 휩쓸리고, 더 높은 평판의 학교에 가기 위한 싸움에 내몰린다. 치열한 경쟁을 뚫고 시작한 사회생활은 더 큰 경쟁의 시작점이다. 회사 안에서 또는 회사 대 회사로 '사회생활'이라고 쓰고, '경쟁'이라고 읽는 생활의 연속이다. 경쟁자에 대한 존중과 존경보다는 싸워서 이기는 것을 요구받는다.

혼다의 "고마워요 토요타"에, 봉준호의 "존경해요 스콜세지"에 사람들이 감동을 하는 것은 '싸워서 이기라고 강요하는 세상'에 피로를 느끼기 때문일 것이다. 그리고 우리가 아무리 애써도 그 세상에서 벗어날 수 없다는 것을 알고 있기 때문이기도 할 것이다.

'할 수 없다'에 힌트가 있다.

「できない」にヒントがある。

토요타 신문 광고 (2014)

누군가의 '할 수 없다'가 모두의 '할 수 있다'로

tvN의 '알쓸' 시리즈를 좋아한다. 이 교양 예능 시리즈는 다양한 분야의 전문가들이 서로의 경계를 넘나들면서 지적인 수다를 나누는 프로그램이다. 〈알쓸신잡(알아 두면 쓸데없는 신비한 잡학사전)〉이 여러 편의 시리즈로 나왔고, 범죄 이야기만 다룬 〈알쓸범잡〉, 인물 중심으로 전개한 〈알쓸인잡〉 등 나오는 방송마다 인기를 끌었다.

여러 가지 방송 내용 중에 특히 내게 큰 울림을 준 에피소드가 있다. 2022년 12월 30일 방송된 물리학자 슈뢰딩거의 저서 《생명이란 무엇인가》에 대한 이야기였다. 이 책은 '물리학자의 관점에서 본 생명현상'이라는 부제가 달려 있다. 부제처럼 전혀 자신의 전공이 아닌 분야에 대해 대담한 의견을 낸 책이다. 슈뢰딩거는 DNA가 밝혀지기도 전인 1940년대에 자신의 물리학적 지식을 토대로 생명현상에 대해 설명하려고 했고, 그 이후에 발견된 사실에 매우 근접한 추론까지 해냈다고 한다. 그러나 내용 중에는 실수도, 치명적인 오류도 있었다고 한다.

학문의 세계에서 자신의 전공 분야를 넘어서는 연구와 저작 활동은 매우 위험한 일이라고 한다. 자칫하다가는 실수를 할 수도 있고, 바보 취급을 당할 수도 있기 때문이란다. 하지만 자신의 전공 분야에만 갇혀 있으면 새로운 발상과 시각으로 더 큰 발전을 할 기회를 놓칠 수 있다. 오류가 있는 연구라도 그것을 발판으로 새로운 해답을 찾아낼 수 있기 때문이라는 것이다.

슈뢰딩거도 위의 책 서문에 이렇게 밝히고 있다. "매우 좁은 전문 분야를 넘어서서 세계 전체를 이해한다는 것은 거의 불가능해졌다. (중략) 이러한 작업을 하는 사람이 웃음거리가 되더라도 여러 가지 사실과 이론들을 종합하는 작업을 시작하는 것 말고는 이 딜레마에서 벗어날 길이 없다고 생각한다."[3]

세상의 전진을 위해서는 실패의 두려움을 이겨내는 마음이 필요하다. 실패의 가능성을 기꺼이 끌어안고 전진하는 용기가 필요하다. 그러나 그 마음과 용기는 개인이 온전히 책임질 영역이 아니다. 실패를 공동의 자산으로 포용할 때 수많은 도전이 가능해질 수 있는 것이다. 실패는 그냥 실패로 끝나지 않는다는 생각. 실패를 포용함으로써 성공이 만들어진다는 믿음. 한참 전에 게재된 토요타의 광고 시리즈 중 하나가 생각났다.

'할 수 없다'에 힌트가 있다.

「できない」にヒントがある。

2014년에 나온 토요타의 '조금 더 좋게 하자(もっとよくしよう)' 캠페인은 상징적인 이미지와 감각적인 카피로 여러 편이 연재되었다. 그중에서 가장 마음에 와닿은 것이 '할 수 없다에 힌트가 있다'는 카피가 붙은 인쇄 광고였다.

높은 나뭇가지 위에 잎사귀를 먹는 기린의 모습이 보인다. 반대편에 얼룩말이 서 있다. 키가 작은 얼룩말은 높은 나무 끝에 달린 잎사귀에 닿지 못한다. 그러나 그 위에 올라탄 개, 개 위의 고양이, 고양이 위의 닭은 마침내 꼭대기 위에 닿게 된다.

"할 수 없어, 저기는 닿을 수 없는 곳이야." 이 말을 하는 것을 대부분의 사람은 포기나 실패로 규정한다. 그러나 누군가는 그 '할 수 없어'에 귀 기울인다. "왜 할 수 없지"를 묻고 '할 수 있는 방법'을 찾기 시작한다. '할 수 없다'가 힌트가 된 것이다. 모두가 함께 누릴 수 있는 진보의 한 걸음이 디뎌진다. 이 광고의 바디 카피는 바로 그 내용을 담아서 시작한다.

누군가의 '할 수 없다'를 파고들면

모두의 '할 수 있다'가 발견된다.

'할 수 없다'의 가치가 온전히 평가받는 것, 생각처럼 쉬운 일은 아니다. 그런 이상적인 상황은 대부분 우리의 기대 속에만 존재할지도 모른다. 현실 속에서는 실수, 실패, 쓸데없는 짓, 예산 낭비 등의 동의어가 되기 일쑤다.

나 역시 사회의 어느 영역에서는 '할 수 없다'를 실수나 실패로 규정하는 사람의 역할을 하고 있을지도 모른다. 후배들이 가져온 아이디어를 보며 '이건 할 수 없어', '이건 현실적이지 않아' '이건 네가 잘 몰라서 그래'라고 단언한 적이 많지 않았을까 되돌아보게 된다. 다르게 생각하고, 다르게 접근하는 법을 연습해 봐야겠다.

"이거, 어떻게 하면 할 수 있을까?"

리스크를 지지 않는 것이야말로
가장 큰 리스크다.

リスクを冒さないことこそ
最大のリスクだ。

UQ모바일 TV 광고 (2021)

세상에 공짜는 없다

《아직 최선을 다하지 않았을 뿐》이라는 만화가 있다. 《슬램덩크》, 《드래곤 볼》, 《원피스》 같은 메가 히트작에 비하면 미약한 인지도지만, 아는 사람들 사이에선 큰 지지를 받는 작품이다. 딸만 둔 40대 이혼남이 재능도 없이 만화가가 되겠다며 일을 벌이는 철없는 이야기다. 엉뚱한 유머 감각에 허를 찌르는 스토리로 많은 이들의 사랑을 받았다. 이 만화를 원작으로 일본에서는 실사 영화가, 한국에서는 드라마가 제작되기도 했다. 제목이 의미심장하다. 내가 최선을 다하지 않아서 아직 성공을 못 한 것이지, 제대로 하기만 한다면 성공할 것이란 말이다. 변명이다. 허세다. 실패라는 리스크를 피하기 위해 시도 자체를 하지 않는 이의 자기 합리화이다.

그런데 저 어처구니없는 변명이 황당하게 느껴지는 것만은 아니다. 만화 속 허풍쟁이의 대사만은 아닌 것 같다. 부정적인 결과를 회피하기 위해 시작 자체를 안 하는, 혹은 못 하는 일들이 누구에게 한두 가지는 있어서가 아닐까. "내가 안 해서 그렇지, 하기만 하면…" 이란 말이 낯설지 않다. 도전해 보고 싶은 꿈, 이뤄보고 싶은 일에 이런저런 핑계를 댔던 나의 과거도 생각이 난다.

왜 그런 경험이 누구에게나 생기는 걸까. 일단 절박하지 않아서일 수 있다. 그걸 하지 않아도 먹고사는 건 하고 있으니까. 굳이 안 해도 크게 달라지는 건 없으니까 그렇다. 혹은 지금의 안정을 깨고 싶지 않아서일 수도 있다. 지금껏 만들어 온 나름의 루틴과 삶의 균형을 흐트러트리지 않고 싶기도 하다.

이런 측면도 있을 것이다. 타인의 평가로부터 자신의 자존감을 지키기 위한 것. 시도했다가 실패했을 때 남이 나를 어떻게 볼까 의식하는 경우거나, 실패나 거절의 상처로부터 미리 스스로를 보호하기 위해서일 것이다. 투자라는 측면에서도 생각해 볼 수 있다. 먼저 써야 하는 돈이나 시간 때문에 망설이는 경우다. '돈이 생기면 해야지, 시간이 생기면 해야지'라고 생각하는 일은 대부분 잘 이뤄지지 않는다. 오히려 해야 돈이 생기고, 시간도 생긴다.

직업을 가진 채 뭔가 배우거나 소설 같은 작품을 쓰고자 하는 개인의 시간도 비슷하다. '지금은 시간이 없으니까, 시간이 생기면 해야지'라는 생각을 가지고 어떤 결과를 만든 사례는 흔치 않다. 1년이 지나도 아직도 시간이 없다는 말을 반복할 가능성이 높다. 무언가를 할 시간을 포기하거나, 힘들어질 리스크를 안고 일부러 시간을 내야 어떤 식으로든 시간이 생긴다. 주변의 부러워할 만한 사람들 중에 모든 게 갖춰진 조건에서 편안하게 시간을 쓰며 이룬 사람들이 얼마나 되겠는가.

이유가 무엇이건 리스크를 회피하는 것은 성장이라는 미래를 함께 삭제하는 일이다. UQ 모바일의 TV 광고는 바로 이 '리스크'에 대한 관점을 심플하게 보여준다. UQ 모바일은 KDDI 그룹의 자회사로 모바일 전문 통신기업이다. UQ라는 기업명을 딴 UQueen이라는 가상의 여왕을 주인공으로 내세워, 유머러스한 광고 캠페인을 1년 이상 전개 중이다.

UQueen은 그녀의 왕국에서 스마트폰 통신에 관한 모든 것을 결정한다. 그녀가 모바일 소비자들을 위해 여러 가지 혁신적인 조치를 발표하는 것이 개별 광고의 핵심 내용이다. 그중 나의 귀와 마음이 반응하게 했던 광고는 이 시리즈의 두 번째 영상인 UQueen '간청' 편이다.

UQueen 여왕이 뭔가 발표를 앞두고 화장대에 앉아 있다. 그녀 뒤로는 신하들이 모두 무릎을 꿇고 명을 거둬달라고 간청하고 있다. 신하들의 호소에도 불구하고 UQueen은 스마트폰 요금을 매달 990엔(한화로 약 9천 원)으로 하겠다고 의지를 밝힌다. 990엔은 안 된다고 만류하는 신하들에게 여왕은 심지어 가족 구성원 모두에게 990엔을 적용하는 파격적인 요금제를 선포한다. 대표 신하가 절박하게 아뢴다.

"가족 모두 990엔은 리스크가 너무 큽니다."

리스크라는 말을 듣자, 웃으면서 여왕이 말한다.

"리스크? 좋지 않나?"

어리둥절한 신하들에게 여왕이 일갈한다.

리스크를 지지 않는 것이야말로
가장 큰 리스크다.
リスクを冒さないことこそ
最大のリスクだ。

이 대사는 물론 이 광고에서 처음 나온 것은 아니다. 많은 현자들이 같은 이야기를 해 왔다. 미국의 영화배우이자, 여성운동가인 지나 데이비스는 "당신이 아무런 리스크를 지지 않으면, 결국 모든 리스크를 지게 될 것이다(If you risk nothing, then you risk everything)."라는 명언을 남겼다. 명언제조기인 경영 컨설턴트 데니스 웨이틀리가 남긴 주옥같은 어록 중에도 이런 말이 있다. "진짜 리스크는 아무것도 안 하는 것이다(The real risk is doing nothing)."

공짜는 없다. 세상에 그냥 얻어지는 것은 없다. 어떤 선택도 리스크를 감수하지 않으면 안 된다. 특히 성장이나 발전을 위한 결정을 할 때는 크고 작은 리스크를 지지 않을 도리가 없다. 성공에는 실력과 조력이 필요하다. 그리고 운도 필요하다. 여기까지는 우리가 눈으로 볼 수 있는 영역이다. 그러나 잘 보이지는 않지만 놓치면 안 되는 것이 있다. 성공한 크기에 비례하는 커다란 리스크를 기꺼이 지고자 하는 의지, 그리고 그 부담을 견뎌 낸 강한 마음이다. 이를 제대로 보지 못한 채 성공의 표면만 부러워한다면, 진실의 반쪽만 보는 것이다.

샐러리맨이라는 직업은 없습니다.

サラリーマンという仕事はありません。

세존그룹 신문 광고 (1987)

조용한 퇴직은 MZ의 발명품?

유튜버가 되고 싶은 건 회사원들뿐이 아니다. 초등학생 희망 직업 4위가 유튜버라고 한다. 이 직업은 한국직업능력개발원이 매년 발표하는 학생들의 장래 희망 순위에 등장한 이래, 줄곧 상위권에 속해 있다. 지난 몇 년간도 꾸준히 3~4위를 유지했다. 2022년 1월에 발표한 자료에 의하면 1위 운동선수, 2위 의사, 3위 교사, 4위 유튜버(크리에이터) 순이다.

2021년 순위 기준으로 10위권 밖에는 만화가, 수의사, 제과, 제빵사, 과학자, 디자이너 등이 포진되어 있다. 어디를 봐도 '월급쟁이'라는 직업은 보이지 않는다. 당연하다. 월급쟁이는 직업이 아니니까. 월급쟁이는 기업, 공공기관, 단체 등의 피고용인으로서 급여소득을 받는 사람을 말한다. 의사라도 자신의 사업체가 아닌 병원에 속해 있으면서 급여를 받으면 월급쟁이가 된다.

지금은 많이 쓰지 않지만, 월급쟁이와 비슷한 말로 '샐러리맨'이란 말이 있다. '월급=샐러리'니까 같은 말이

순위	2019	2020	2021
1	운동선수	운동선수	운동선수
2	교사	의사	의사
3	크리에이터	교사	교사
4	의사	크리에이터	크리에이터
5	요리사	프로게이머	경찰관
6	프로게이머	경찰관	요리사
7	경찰관	요리사	프로게이머
8	법률 전문가	가수	배우/모델
9	가수	만화가	가수
10	뷰티디자이너	제과·제빵사	법률 전문가

출처: 한국직업능력개발원

라 생각할 수 있겠지만 그 뉘앙스가 다르다. 급여 소득자 중에서 주로 기업에 속해 있는 사무직 노동자를 샐러리맨이라고 불렀다. 일본의 전후(戰後) 경제가 발전하면서 고등교육을 받고 기업에 취직해 급여를 받는 사람들이 늘어났다. 농업이나 수산업 등 1차 산업이나 생산직, 서비스직에 비해 상대적으로 육체적인 어려움이 적고 안정적인 직장인을 샐러리맨이라 했다. 화이트칼라라고도 불렀다. 흰 드레스셔츠에 넥타이를 맨 남자 직장인이 안정적 샐러리맨의 표준이었다. 많은 사람이 부러워하던 중산층을 상징하는 말이다. 이렇게 샐러리맨을 꿈꾸는 사람들이 많던 1980년대에 왜 "샐러리맨이라는 직업은 없습니다."라는 카피로 광고가 나온 것일까.

샐러리맨이라는 직업은 없습니다.

サラリーマンという仕事はありません。

회사 설명회가 아니라

직업 설명회를 엽니다.

「会社」説明会ではない、

「仕事」説明会を行います。

이것은 세존그룹(セゾングループ)이 1987년에 낸 구인 광고이다. 이 광고가 나온 그 시절은 직종별로 직원을 뽑는 것이 아니라, 회사별로 뽑았다고 한다. 직종별 구별 없이 인재를 뽑아서, 내부의 필요에 의해 직종을 나누던 것이었다. 그래서 "샐러리맨이란 직업은 없습니다."라는 헤드라인 아래에는 회사 설명회가 아니라 직업 설명회를 개최한다고 부연 설명되어 있다. 회사 이름을 보고 찾아오는 월급쟁이가 아니라 각 분야의 전문가를 뽑겠다는 구인 광고인 것이다. 당시의 기준으로 보면 시대를 앞서간 발상의 전환이다.

그 차별화된 생각을 그대로 담은 이 문구로 담당 카피라이터 이토오 시게사토는 1988년 도쿄 카피라이터즈 클럽상을 수상했다. 《일본의 카피 베스트 500》이라는 책에서는 이 카피를 전후 60년 일본 광고 베스트 100에 선정했다. 그 외에도 여러 일본의 광고 서적에서 시대를 대표하는 카피로 소개되고 있다.

30여 년 전의 이 광고가 문득 생각이 난 건, 요즘 유행하는 '조용한 퇴직(Quiet Quitting)'이라는 말 때문이다. 조용한 퇴직은 실제 퇴직을 하는 것이 아니라 퇴사에 가까운 마음으로 회사에서 주어진 최소한 일만 대응하는 업무 방식을 말한다. 미국의 한 20대 엔지니어가 자신의 소셜 미디어에서 처음 사용한 말이라고 한다. 성과와 열정을 강요하는 시스템에 대한 반발이라며 젊은 세대 중심으로 호응이 높다고 한다. 이를 무책임한 근무 태만으로 보는 부정적인 반응도 높다. 한국에서도 언론 기사와 SNS 등을 통해 이슈가 널리 퍼지고 있다.

"월급만큼만 일하는 '조용한 사직' MZ 세대엔 이미 대세… 팀워크 어쩌나" 같은 기사 제목[4]을 통해 알 수 있듯이, 언론에서는 기성세대와 MZ세대의 가치관 갈등처럼 묘사하기도 한다. 그런데 사실 이런 태도로 일하는 사람들은 늘 있었다. 내가 광고계에 입문하던 20세기 말에도 있었고, 아마 그 20년 전에도 있었을 것이다. 유니버시티 칼리지 런던 경영대학원의 클로츠 부교수는 "젊은 세대의 새로운 용어로 포장됐지만 수십 년간 존재한 트렌드"라고 설명하기도 한다.[5]

실제로 이 광고가 집행되던 무렵인 1980년 후반에 나온 산토리 리저브의 잡지 광고 카피는 완벽하게 조용한 퇴직 개념을 대변해 주고 있다.

놀고 있는 게 아니야.

월급에 맞게 일하고 있는 거야.

遊んでいるのではない。

給料に合わせて働いているのだ。

이 카피는 조용한 퇴직이 요즘 시대에 만들어진 것이 아니라, 어느 시대에나 존재했던 생각임을 알려 주는 인문학적 증거가 아니겠는가.

조용한 퇴직에 찬성하는 마음과 상황을 이해하면서도 한편으로는 안타깝다. 월급을 받기 위해 요구되는 최소한만 일한다는 것은, 스스로 업의 전문가가 아니라 그저 샐러리맨으로 자신을 축소한다는 의미이기에 그렇다. 30여 년 전에 그런 직업이 없다고 선언된 바로 그 샐러리맨으로 말이다.

단순한 월급쟁이와 프로페셔널을 구별하는 것은 무엇일까. 그것은 '무슨 일을 하는가'보다 '어떻게 하는가'에 달려 있다. 판매직, 영업직, 연구직, 생산직, 관리직, 마케팅직 등 무슨 일을 하고 있든지 간에 주도적인 태도와 책임감을 가지고 임하는 사람만이 프로페셔널이 된다. 업의 본질을 이해하고 자신의 업무에 투영하며 일하고 있는 사람만이 프로페셔널이 된다.

그저 월급을 받기 위해 책임감도 비전도 없이 자리를 지키고 있는 것으로 더 큰 손해를 보는 건 기업이 아니라 직원이다. 샐러리맨이란 직업은 없으니까. 있지도 않은 직업을 가지고 급여통장에 들어오는 숫자를 기다리는 일에, 미래는 웃는 얼굴로 찾아와 주지 않는다.

보험은 모험에서 시작됐다.

保険は
冒険から生まれた。

동경해상일동 신문 광고 (2019)

극과 극은
등을 맞대고 공존한다

'보험'이라고 하면 떠오르는 것이 무엇일까. 10년 만에 연락한 친구? 오랫동안 연락이 없던 친구에게 전화가 오면 둘 중 하나라는 농담이 있었다. 다단계 아니면 보험. 아주 우스갯소리인 것만은 아니다. 나도 사회생활을 시작한 후 제법 오랫동안 수많은 선후배 친구들의 연락을 받았다. 상경계열을 전공한 것이 이유일까. 다단계보다는 보험 영업 쪽이 훨씬 많았다.

보험 아줌마? 지금은 사라진 말이다. 한때 보험 영업은 금융 지식에 대한 전문성보다는 관계 중심의 영업이라는 편견이 팽배했다. 그러나, 보험 영업 조직은 오래전에 세련된 지식과 매너의 남녀 전문가들의 무대로 바뀌었다.

보험이란 말을 듣고 떠오르는 건 역시 '안심' 아닐까. 보험은 "많은 사람이 적은 금액으로 공동의 재산을 만들어 서로의 위험을 관리하기 위한 제도"다.[6] 보험 회사는 광고를 통해 보험에 가입하여 미래를 보장받으며 안심할 수 있는 삶을 누리라고 이야기한다. 실제로 많은 사람이 보험 상품으로 안심을 산다.

안심은 곧 안정이다. 보험은 예측할 수 없는 변화를 대비하며, 예측 가능한 삶을 약속한다. 안심은 또한 안전이다. 보수적인 잣대로 위험을 계산해야 공동의 자산을 위험 없이 운용할 수 있다. 안심, 안정, 안전. 이것이 보험의 속성이자 대표적인 이미지일 것이다. 이를 감안하면, 동경해상일동의 신문 광고는 고정관념을 깨는 의외의 이야기를 건네고 있는 셈이다.

보험은

모험에서 시작됐다.

保険は

冒険から生まれた。

동경해상일동 화재보험은 1879년에 설립된 일본의 대표적인 보험회사다. 일본의 손해보험 업계에서 압도적인 점유율로 1위를 차지하고 있다. 이 화재보험 회사를 가지고 있는 지주회사인 동경해상홀딩스는 일본의 모든 금융기관을 통틀어 다섯 손가락 안에 드는 초거대 금융기업이며, 매출 규모가 한국의 거의 모든 보험사를 합친 것보다도 크다고 알려져 있다. 이 정도의 위치를 점하고 있는 기업답게 업계의 리더십을 담은 메시지로 광고를 만들었다. 이 광고는 2019년에 창업 140주년을 기념하여 집행된 것이다.

광고의 메인 이미지는 인상적인 펜화로 그려져 있다. 15~16세기 발전된 항해술을 기반으로 아시아, 아프리카, 아메리카 대륙 등으로 진출하던 선단의 모습이다. 그 위에 "모험에서 보험이 시작됐다"고 큼지막하게 헤드라인이 배치되어 있다. 이 말의 의미는 바디 카피를 읽어보면 좀 더 명확해진다.

대항해시대,

그 도전에 용기를 주기 위해 보험은 태어났습니다.

보험의 역사는, 도전의 역사입니다.

보험의 역사는 안전과 보장의 역사가 아니란다. 도전의 역사란다. 그렇게 믿는 구석이 있으니까 그 옛날 무모해 보이는 모험이 가능했던 것이다. 우리 말의 '보험'과 '모험'처럼 일본어로도 保険(ほけん, 호껭)과 冒険(ぼうけん, 보-껭)의 발음이 유사하다. 발음과 의미를 살려 말맛을 높이면서도, 고정관념을 깨는 사실로 울림을 주는 좋은 광고 카피다. 그런데 이 카피가 마음에 오래 남았던 것은 보험의 유래를 알려 주는 역사 때문만이 아니다. 평소 지나쳤던 세상의 이치를 생각하게 해 주기 때문이었다.

진취적인 모험으로부터 안정적인 보험이 생겼다? 이렇게 대립되는 성격의 것들은 원래 하나로 묶여 있는 것일지도 모른다. 빛과 그림자, 동전의 앞면과 뒷면의 관계처럼 말이다. 사랑과 미움도 같은 뿌리에서 나와 얽혀 있는 감정 아닌가. 어쩌면 고통과 쾌락, 아름다움과 추함, 선함과 악함도 모두 그런 관계 아닌가?

생각이 좀 더 점층하면 '세대 간의 갈등도 그러한 것이 아닐까'로 이어진다. 앞뒤의 세대가 서로의 다른 사고방식으로 갈등하는 관계일 필요 없다. 구세대가 든든하게 중심을 잡아 줄 때 새로운 세대가 힘차게 박차고 나갈 수 있는 것이다.

생각이 꼬리를 물고 이영희 선생의 저서 《새는 좌우의 날개로 난다》까지 떠오르게 한다. 건강한 보수가 사회를 안정적으로 지탱해 주면, 진취적인 진보가 세상을 한 걸음 더 나아가게 하는 것. 그것이 사회가 발전하면서 모두가 함께 풍요로워지는 완벽한 그림이 아닌가. 물론 현실에서 말처럼 쉽게 이루어지는 일은 아니겠지만.

극과 극은 서로 멀리 떨어져 마주 보고 있는 것이 아니다. 오히려 등을 맞대고 공존한다. 그렇게 존재할 때, 서로의 가치를 더욱 극명하게 발산하며 완벽한 쓰임새를 완성한다. 보험회사 광고가 이끌어 준 생각의 비약이 세상을 조금 다르게 보게 해 준다.

뛰어난 팀에는
뛰어난 No.2가 있다.

優れたチームには
優れたNo.2がいる。

영화 <노보우의 성> 포스터(2011)

보이지 않는 곳에 있는 그 사람

어느 조직에서나 리더십은 중요하다. 작게는 두세 명, 많게는 몇백만 명이나 되는 글로벌 기업까지. 작으면 작은 대로 크면 큰 대로 리더십의 영향을 받는다. 아르바이트생 한두 명을 둔 작은 음식점에서나 직원 수 11만 5,000명의 삼성전자, 220만 명의 월마트에서나 리더십의 중요성은 다르지 않다.

그래서 현대 경영학에서 리더십은 중요한 연구분야 중 하나이다. 대학의 경영학과마다 리더십 관련 과목들을 개설하고 있다. 당연히 리더십과 관련된 책들도 쏟아져 나왔다. 인터넷 교보문고 홈페이지에서 '리더십'이라는 키워드로 검색을 해 보면, 국내 도서와 외국 도서를 합쳐서 4만여 권의 책이 등장한다.

어느 분야에서든 탁월한 성과를 낸 리더가 주목을 받으면, 제일 먼저 등장하는 것 중 하나가 그의 이름을 딴 리더십 책이다. 스티브 잡스 리더십, 잭 웰치 리더십, 손정의 리더십, 일론 머스크 리더십, 정주영 리더십, 이건희 리더십 등 경영인에 대한 책은 쉽게 찾을 수 있다. 리더십이 강조되는 스포츠에서도 히딩크 리더십, 김성근 리더십, 김기태 리더십 등 유명 감독들을 프리즘으로 리더십을 연구한 책들이 등장한다. 이에 비해 No.2 즉, 이인자에 대한 관심은 높지 않다. 당연하다. 기억해야 할 일인자도 넘치는 세상이다. 이인자 리더십, 참모 리더십이라는 관점의 콘텐츠들도 찾을 수 있지만 큰 주목을 받지 못했다.

이렇게 눈에 잘 띄지 않는 이인자의 가치를 생각해보게 만드는 카피가 있다. 2011년에 개봉한 일본 영화 〈노보우의 성〉 포스터 문구이다.

뛰어난 팀에는
뛰어난 No.2가 있다.
優れたチームには
優れたNo.2がいる。

영화 〈노보우의 성〉은 도요토미 히데요시가 일본 통일 전쟁을 벌이던 시절, 그의 세력에 대항하던 작은 성의 이야기다. 주인공 나리타 나가치카는 성주의 사촌이다. 평소 덜떨어져 보이는 행동으로 멍청이라는 뜻의 '노보우'로 불리지만, 권위 의식 없이 평민들과 어울리며 많은 이들의 사랑을 받는 사람이다.

그는 어쩌다 총대장을 맡아 500명의 농민병을 지휘해 2만여 명의 토요토미 히데요시 군과 대결하게 된다. 바보 같은 겉모습과 달리, 부하와 백성들에 대한 따뜻한 마음과 뚝심으로 정예부대로부터 성을 지켜 낸다는 이야기다.

이 영화는 2014년 한국에서 〈무사 노보우: 최후의 결전〉이라는 제목으로 개봉된 적 있다. 일본에서는 박스오피스 1위까지 한 흥행작이지만, 한국에서는 관객이 2,003명[7]에 그쳐 흥행에 실패했다. 한국 관객의 관심을 끌 만한 소재도 아니었고, 영화의 완성도 측면에서도 눈 높은 한국 영화 팬들을 만족시킬만한 수준이 아니었다. 한국에서도 마니아들의 사랑을 받은 〈조제, 호랑이 그리고 물고기들〉의 감독이 만들었다는 게 믿어지지 않는다.

또 아쉬운 점은 카피의 적절성이다. 노보우는 성의 이인자 자리에서 시작하지만, 전쟁을 성공적으로 이끄는 것은 포용과 소통의 일인자 리더십이다. 이인자 본연의 역할을 잘해서 문제를 해결하는 내용이 아니다. 어떻게 보면 좋은 카피로 과대 포장된 평범한 제품의 느낌이다. 이 카피는 영화의 메인 포스터에 쓰인 것도 아니다. 많이 알려지지 않은 프로모션용 포스터에 쓰였다.

"뛰어난 팀에는 뛰어난 이인자가 있다." 어찌 보면 참으로 평범한 카피다. 그러나 생각을 깨우는 강력한 힘이 있다. 당연한 사실임에도 대부분 그렇게 생각해 본 적 없기 때문이다.

탁월한 성과를 낸 팀이 있다면 제일 먼저 떠올리는 것은 리더나 팀원이다. 훌륭한 리더가 있거나 실력 있는 팀원들이 있기 때문이라고 생각한다. 좋은 조직 문화로 팀워크가 잘 다져져 있기 때문이라고 분석하기도 한다. 적절한 투자와 지원의 역할을 거론하기도 한다. 누구도 '그래, 훌륭한 이인자가 있기 때문이지'라고 생각하지는 않는다.

생각해 보면, 이인자들은 수많은 역할을 담당해야 한다. 리더가 올바른 판단을 할 수 있도록 조력을 하고, 그를 대신해 궂은일도 직접 해야 한다. 리더와 팀원들 간의 원활한 소통의 창구가 되기도 하며, 경우에 따라서는 리더의 책임을 대신 지기도 한다. 때론 자신의 실력을 통해 일인자에게 건강한 긴장감을 불어넣기도 한다. 좋은 이인자가 좋은 일인자를 만들고, 결국 그 리더십으로 좋은 팀을 만드는 사례도 많을 것이다.

쉽게 부각되지는 않지만 보이지 않게 리더와 팀을 강하게 만드는 이인자. 그 가치를 발견하고 전면으로 끄집어낸 점이 이 카피의 미덕이다. 세상의 모든 이인자들에게 자부심을 주는 문장이다. 이 카피는 2013년 도쿄 카피라이터스 클럽 카피 연감에도 등재돼 있다.

어떤 대기업도
시작은 벤처였다.

どんな大企業も
最初はベンチャーだった。

동경해상일동 인쇄 광고(2017)

박찬호도, BTS도 벤처였으니

20대 후반의 나이로 정미소를 하며 토지에 투자했다가 실패한 남자는 대구 서문시장에 연 작은 상회로 사업을 다시 시작했다. 식료품을 팔다가 이후 청과물, 어물을 수출했다. 이런 작은 사업이 훗날 시가총액 400조가 넘는 삼성전자를 탄생시킨 삼성그룹의 시작이 될 거라고는 당사자도 몰랐을 것이다.

비슷한 시기, 한 가난한 농부의 아들이 소학교를 졸업하고 집안의 돈을 훔쳐 가출을 한다. 신당동의 쌀가게에서 점원으로 일하다 가게를 인수했다. 쌀 배급제가 되면서 문을 닫았고, 자동차 수리 회사를 차렸다. 훗날 자산 총액 200조가 넘는 현대자동차의 시작임을 누가 상상했을까.

삼성전자와 현대자동차. 발전과정에서 비판받을 일도 많았지만, 세계인들에게 한국을 대표하는 기업이 된 것을 누구도 부정할 수 없다. 규모, 기술력, 영향력 등 어느 면으로 보나 글로벌 경쟁력을 갖춘 대단한 회사들이다. 그리고 가장 안정적인 기업들이다. 이 기업들의 입사를 고시

(考試)처럼 생각하는 사람들도 있다. 사회진출에서 이룬 성공으로 생각하기도 한다. 하지만 이들의 시작점을 돌아보면 수십 년간 명멸해 간 수많은 기업처럼 내일을 알 수 없는 작은 벤처였을 뿐이었다.

성공한 벤처기업의 신화는 차고에서 출발한 애플 같은 전설 속에만 있지는 않다. 실리콘밸리식 성공 스토리의 전유물이 아니다. 또한 네이버, 카카오 같은 기업들만의 이야기도 아니다. 이름을 댈 수 있는 성공 기업들 중 확실한 미래를 담보로 시작한 곳은 어디에도 없다.

바로 그 내용을 한 줄의 카피로 담은 것이 일본의 보험회사인 동경해상일동(東京海上日動)의 인쇄 광고다. 심플하면서도 강한 카피만으로 이뤄져 있다. 어떤 이미지도 없다. 파란색 배경에 타이포만이 아무도 부정할 수 없는 절대 명제처럼 큼지막하게 얹혀 있다.

어떤 대기업도

시작은 벤처였다.

どんな大企業も

最初はベンチャーだった。

어찌 생각해 보면 너무나 당연한 이야기다. 그런데 나는 한 번도 그렇게 생각해 본 적이 없었나 보다. 이 카피를 읽으며 새로운 발견을 한 듯 머릿속이 환기되는 느낌이다. 이 광고가 나오기 30여 년 전에 거의 같은 메시지를 전달한 광고가 있었다. 1983년에 게재된 일간 아르바이트 뉴스의 포스터는 이렇게 말한다.

대기업도

처음에는 작지 않았나.

大企業だって

はじめは小さかったじゃないか。

똑같은 이야기다. 이 카피도 1983년 카피 연감에서 준(準) 신인상을 받을 만큼 좋은 메시지이지만 동경해상일동의 카피에 비해 상대적으로 울림이 적다. 당연한 이야기 같은 느낌이 든다. 그런데 기업 초기의 작고 불안정한 상황을 기존 대기업들의 이미지에 어울리지 않는 '벤처'라는 개념으로 설명하니 전혀 다른 느낌이 되었다. 당연한 이야기를 당연하지 않게 하는 데 필요한 것은 시각을 살짝 바꾼 그 단어 하나였다. 벤처라는 단어를 가져온 카피라이터의 선택에 감탄하게 된다.

그렇다. 그렇게 보니 경영의 신이라는 파나소닉의 창업자 마쓰시타 고노스케도, 기술의 천재라는 혼다의 창업자 혼다 소이치로도 모두 벤처사업가들이었다. 삼성의 이

병철 회장, 현대의 정주영 회장도 처음엔 벤처사업가였던 것이다.

이 메시지는 거창한 대기업들의 탄생 신화에 국한되지 않는다. 스포츠 스타와 연예인들도 그 시작은 성공을 보장할 수 없는 벤처였다. 차범근, 박지성, 박세리, 박찬호 같은 스타들도 어려운 벤처 시절을 거쳤다. 그들이 해외로 진출할 때 성공을 확인받고 간 사람은 아무도 없었다. 동양의 작은 나라에서 온 유망주였을 뿐이었다. 어려운 환경에서 위기를 딛고, 작은 성공부터 쌓아 가며 전설의 자리에 올라섰다.

SM, JYP, YG, 하이브 같은 성공한 엔터테인먼트 기업 중 지금 같은 성공을 확신하고 시작한 곳이 어디 있었을까. 가능성 있는 아티스트를 발굴해 키우고, 작은 성공과 실패, 그리고 위기를 반복하며 지금의 이름을 만들어 왔다. 2013년, 7명의 소년들이 보이그룹으로 데뷔할 때, "얘네들 나중에 발표하는 곡마다 족족 빌보드 차트 1위도 하고, 비틀즈 만큼 유명한 팀이 될 거야."라고 얘기했다면, 어느 누가 믿었겠는가. 오히려 조롱하는 것처럼 생각되지 않았을까? 누군가는 웃으며 덧붙였을 거다. "방탄소년단? 이런 이름으로?" BTS도 벤처로 시작했다.

생각해 보면 우리의 삶 자체가 그러하다. 벤처다. 모

험이다. 무엇 하나 확실한 것이 없다. 학교를 나와 취직을 하면 당분간은 보장된 급여를 받겠지만, 회사가 내 삶을 보장해 주지는 않는다. 한 개인으로서 벤처의 시작이다. 그곳에서 성장해 나갈지, 다른 곳으로 옮길지, 회사와 함께 어려움을 겪을지에 관한 모든 가능성이 열려 있다. 취직을 해도 그러할 진데, 프리랜서라든가, 스포츠, 연예인, 기술자, 사업 등 다른 선택지를 잡은 경우라면 더더욱 벤처의 삶이라고 할 수 있다.

이 광고의 카피는 "어떤 대기업도 시작은 벤처였다." 이지만 한 걸음 더 들어가 보면, "세상의 모든 것이 다 시작은 벤처"인 셈이다.

산을 넘지 않으면 보이지 않는
산이 있다.

山を越えないと見えない
山があった。

토요타 넥스트오스레일리아 2014 포스터 (2014)

다른 높이로 봐야 보이는 것들

유재석, 박찬호, 박지성, BTS, 조수미…

지금 자신의 무대에서 최정상에 서 있거나 서 봤던 사람들이다. 미디어를 통해 소개되는 그들의 언행을 보면 '그릇이 다르다'고 느껴질 때 많다. 실력으로 가장 높은 곳에 서 있는 것은 기본 사양이다. 그들은 겸손한 태도로 타인을 배려하면서도 자신의 주관을 뚜렷이 드러내기도 한다. 또한 막대한 수입에 걸맞은 기부로 나눔을 실천하고, 공동체를 위한 캠페인에 참여하여 좋은 영향력을 끼친다.

이런 모습에 대해 긍정적인 시선만 있는 것은 아니다. 카메라 앞에서 위선적인 모습을 보인다고 생각하는 이들도 적지 않다. 대중에게 비치는 좋은 모습들이 기획되고 꾸며진 것으로 치부한다. 기부도 돈으로 이미지를 사는 것이라는 시각을 가지기도 한다. 과연 그럴까. 그들이 완벽할 수는 없다. 그러나 연출된 이미지가 아니라 실제로 그릇이 큰 사람에 가깝다고 생각한다.

그들이 처음부터 그런 소양과 품성을 갖춘 것은 아닐

것이다. 오히려 그 반대인 경우가 많다. 광고 일을 하면서 만난 관계자들이나, 스타들과 알고 지낸 사람들로부터 그들의 과거 얘기를 들어 볼 기회가 종종 있다.

"○○○이 얼마나 찌질했는지 알아요?"

"○○○이 예전에는 말이에요…"

놀랍지 않다. 당연한 것 아닌가. 간혹 어려서부터 돋보이는 품성을 보이는 이도 있지만 대부분은 인격적으로 미숙하다. 크고 작은 실수를 저지르며 성장한다. 우리가 다 그러하듯이. 과거에 유치하고 별 볼 일 없었더라도 자신의 위치가 올라가면서 깊이 성숙하는 사람들이 있다. 자신의 위치에 부합하는 품성과 지성을 유지하기 위해 노력하는 가운데, 실제로 내적인 성장을 하는 것은 자연스러운 과정이다. 노력과 시행착오를 반복하다가 어느 수준 이상의 단계에 올라가면, 그전에 보이지 않던 것을 보게 된다. 사람과 세상에 대한 이해의 폭이 넓어지게 된다.

앞에 거론한 스타들이 원래 그릇이 큰 사람이어서 정상에 선 게 아니라, 정상에 서면서 그릇이 커진 것은 아닐까. 이런 생각을 더욱 깊게 만들어 주는 문구가 있다. 토요타의 '넥스트 원 오스트레일리아 2014' 캠페인의 포스터 카피다. 이 캠페인은 더 좋은 자동차를 만들기 위해 토요타 직원이 직접 운전대를 잡고 호주 대륙을 횡단해 보는 프로젝트다. 호주 횡단 과정에서 많은 사진을 찍었고, 거기에 시적인 카피들이 붙은 수많은 포스터가 공개되었다. 이 포스터들은 SNS 등을 통해서도 공개됐고, 오프라인 전시회에서 소개되기도 했다. 도전적인 사진들에 감성적인 카피가 붙어 멋진 감흥을 불러일으키는 시리즈다.

다음은 그 포스터 중 하나의 카피다. 포스터에는 어떤 부연 설명도 없다. 어두운 밤의 산길을 달리는 자동차의 모습과 작게 박혀 있는 이 문장뿐이다.

산을 넘지 않으면 보이지 않는

산이 있다.

山を越えないと見えない

山があった。

어둑어둑해진 산길. 라이트가 비추는 것은 전방 시야의 일부뿐이다. 산이 얼마나 높은지, 앞으로 얼마나 더 가야 할지 막연하게 밝혀 줄 뿐이다. 그들은 지금까지 쏟아낸 열정과 노력으로 머지않아 산의 정상에 다다를 것이다. 그러나 산 정상에서 더 높고 큰 산을 마주하게 될 것을 지금은 모르고 있다.

결국 정상을 지나 산을 넘어서야 더 큰 산을 보게 된다. 그때가 되면 자신들이 지나온 길도 제대로 보일 것이다. 어떤 여정이었는지, 무엇을 잘했고 무엇을 실수했는지 알게 될 것이다. 우리가 사는 것도 크게 다르지 않아 보인다. 높이와 크기는 제각각 다르겠지만, 우리는 저마다의 산을 오르며 살고 있다. 그리고 작은 산의 정상을 넘을 때마다 보이지 않던 것을 발견하고 이해하게 된다.

어린 시절 의문에 찬 눈으로 바라보던 어른들의 세상을, 어른이 되어야 그 이면까지 볼 수 있게 된다. 신입 때 안 보이던 것이 대리가 되면 눈에 그려진다. 팀원일 때 불만이던 것이 팀장이 되니 이해가 되기도 한다. 경험을 쌓으며 문제를 해결해 내고, 더 큰 책임을 져 봐야 이해되는 것들이 있다.

물론 성공한 모든 스타가 모두 훌륭한 그릇을 갖지 않듯이, 경험을 쌓고 높은 위치에 올라간 사람들이 모두 거기에 걸맞은 모습을 보이는 건 아니다. 실력과 경륜을 자신의 욕심을 위해 사용하고, 주변을 바라보지 않는 사람들도 많이 목격한다. 산들을 넘어선 사람들이 늘 옳은 것이 아니다. 하지만 분명한 것은, 자신의 땀으로 다른 높이에 서 보면 보이는 것이 달라진다는 것이다. 달라진 높이에 걸맞은 크기와 폭을 갖춘 사람이 되어 더 높은 산을 잘 오를 것인가는 각자에 달린 별개의 문제이겠지만.

광고인으로서, 작은 조직을 이끌어가는 리더로서, 한

아이의 아빠로서 나는 어떤 산을 넘고 있는 걸까. 일단 지금의 산을 넘어가 봐야 알게 될 것이다.

인생은
초등학교에서 배운 것의 복습이다.

じんせいは、
小学校で学んだことの復習だよ。

다이묘 초등학교 폐교 고지 신문 광고 (2014)

선생님, 세상은 왜 교과서와 달라요?

대한민국의 초등학교 중 가장 역사가 오래된 곳은 계성 초등학교이다. 1882년에 인현서당이란 이름으로 11명의 학생으로 개교했고, 이듬해인 1883년부터 명동에서 학생들을 가르치다가, 2006년에 강남으로 이전해 역사가 이어지고 있다고 한다. 국공립 학교로는 종로구에 있는 교동 초등학교가 가장 오래된 전통을 가지고 있다. 동학농민운동, 청일전쟁, 갑오개혁 등 쟁쟁한 사건들로 낯익은 1894년에 세워졌다.

2014년, 이 두 학교보다 역사가 오래된 일본의 한 초등학교가 문을 닫았다. 1873년에 설립한 후쿠오카의 다이묘 초등학교. 조선에는 20대 초반의 임금 고종이 왕위에 있었고, 지구 반대편 쪽에선 빅토리아 여왕이 대영제국의 전성기를 이끌던 때 생긴 학교라고 한다. 존재 자체가 역사인 이 학교도 시대의 변화에는 버티지 못했다. 세월이 흘러 후쿠오카 도심의 거주인구가 줄어들면서 학생 수도 줄었고, 결국 폐교를 결정하게 된 것이다.

한 세기를 넘어 40년을 더 지나도록 지역과 함께 해 온 학교다. 그 오래된 역사만큼 많은 졸업생이 나왔다. 후쿠오카현 출신 최초의 내각총리대신인 히로타 고키를 배출한 학교이다. 지역에 오랫동안 뿌리를 내린 집안에서는 가족이 동문인 경우가 많았다. 실제 3~4대가 같은 학교의 졸업생인 집안도 제법 있다고 한다. 할아버지의 할아버지 때부터 이어 온 학교가 문을 닫게 됐으니 폐교를 기념하는 광고가 나올 법도 하다. 실제로 지역의 기업과 개인들의 후원을 받아, 폐교를 알리는 신문 광고가 나왔다.

오래된 학교의 복도에 엎드려 천진난만한 얼굴로 마루를 닦고 있는 초등학생들의 얼굴이 보인다. 그들의 모습 위에 세로로 쓰인 헤드라인이 눈길을 끈다.

인생은

초등학교에서 배운 것의 복습이다.

じんせいは、

小学校で学んだことの復習だよ。

광고의 왼쪽 하단에 작게 배치된 바디 카피가 왠지 마음을 몽글거리게 한다.

보통, 생각나는 것은 많지 않지만 아예 잊은 적은 없는.

모교라는 것은 그런 걸지 모르겠습니다.

이번 3월에 다이묘 초등학교는 없어집니다.
그렇다고 해서 많은 추억이 없어지는 것은 아닙니다.
그래도 '뭔가 쓸쓸하다'고 느껴진다면, 그 뭔가의 정체는
아마 '애정'일 거라 생각합니다.
바로 부모와 자식의 관계처럼,
우리들은 평생 다이묘 초등학교의 아이들입니다.

여기서 배운 많은 것을 언제나 잊지 않도록 하는 것
그것이 모교로부터의 마지막 숙제입니다.
그런데, 혹시 누구, 교가 3절 기억하고 있니?

오늘, 마지막 졸업식. 140년간 고마웠어,
다이묘 초등학교.

이곳에서 공부를 마친 많은 졸업생은 인생의 다음 단계로 나가며 성장했다. 중학교에 진학한 이들은 영어도 배우고, 고등학교에 가서는 미적분도 배웠다. 대학까지 진학한 이들은 더 수준 높은 공부까지 마치고, 사회로 나갔다. 졸업한 이후에 더 많은 것을 새롭게 익히고, 더 오랜 기간 공부하는 게 사실이긴 하다. 그런데 광고의 카피처럼 "인생은 소학교에서 배운 것의 복습"이라는 말이 왜 진실처럼 느껴질까. 삶을 살아가는 데 필요한 '진짜 중요한 기본'은 여기서 다 배우기 때문은 아닐까.

아이들은 학교에서 글을 배우고, 셈을 배우고, 노래를 배운다. 그리고 그보다 더 중요한 것을 배운다. 약속을 지켜야 한다는 것, 거짓말을 하면 안 된다는 사람의 기본을 배운다. 남의 것을 탐내면 안 된다는 것도, 성적이 좋거나 부모가 돈이 많다고 남을 무시하면 안 된다는 것도 알게 된다. 친구가 넘어지면 일으켜 세워 줘야 한다는 것을 배우는 것도 초등학교다. 누군가 힘들어할 때 위로해 주고, 함께 힘을 모으면 불가능해 보이는 일도 해낼 수 있다는 것도 깨닫게 된다.

우리는 알고 있다. 어렸을 때 당연하다고 배운 이것들만 잘 지키고 있어도 좋은 사람으로, 좋은 구성원으로 내 역할을 하면서 살아갈 수 있다는 것을. 그런 의미에서 인생은 어린 시절 배운 것의 복습이다. 우리는 또 알고 있다. 늘 100점을 맞고, 어려운 국가시험까지 통과한 수재들이, 이 기본을 제대로 익히지 못한 채 사회의 리더가 되어 어떻게 거짓말하고, 어떻게 자기 잇속을 채우며 살고 있으며 그로 인해 이 세상을 어떻게 만들고 있는지. 그런 의미에서 세상은 초등학교에서 배운 대로, 교과서대로 흘러가지 않는다는 씁쓸함을 남긴다.

폐교 후 3년 뒤인 2017년, 다이묘 초등학교는 후쿠오카 도심 재개발 계획과 함께 스타트업의 허브로 부활했다. 후쿠오카 그로스 넥스트(Fukuoka Growth Next)라는 이름을 달았다. 병아리 같은 초등학생들을 키워낸 곳에서, 미래를 이끌어 갈 비즈니스를 키워내는 곳으로 바뀌었다. 학교는 이름과 모양새를 바꾸었지만, 여전히 다음 세대에게 새로운 숙제를 내 주고 있다.

2장

인생을 생각하게 만드는 한 줄

인생에는 음식점이 필요하다.

人生には、飲食店がいる。

산토리 홀딩스 캠페인 (2021)

중요한 추억은
언제나 여기서 생긴다

어느 날, 갑자기 회사 대표전화의 벨이 울렸다. 이 번호로 전화가 걸려 오는 건 1년에 한 번 있을까 말까 한 일이었다. 우리 회사는 오래된 기존 거래처와 일이 많다. 요즘 웬만한 업무 연락은 담당자 핸드폰이나 메신저로 온다. 대표전화는 사실상 구색으로 놓아둔 것. '무슨 일이지?' 조심스럽게 수화기를 들었다. 내 이름을 찾는다. 내가 맞다고 하니 자신의 이름을 이야기하는 상대편 남자.

"나야… 영민이." 영민이? 이름이 비슷한 몇 명이 머릿속에 떠올랐으나 목소리만으로는 누구인지 모르겠다. 대답을 주저하는데 수화기 저편에서 자신의 성까지 이야기해 준다. 그제야 얼굴이 떠오른다. 20여 년 정도 연락이 끊겼던 고등학교 때의 친구였다. 인터넷에서 검색하여 내 모교 동문회보에 실린 기사를 찾아내 회사 이름을 알아냈고, 회사 이름을 검색하여 전화번호를 찾았다고 한다. 20년 만에 닿은 연락에 반가움과 고마움, 그리고 미안함이 동시에 엉킨다. 몇 분 정도 대화가 오고 간 후 다음 날

점심때 만나기로 약속을 하고 전화를 끊었다.

통화를 끝내고 흥분된 마음이 다소 진정이 되자, 친구와의 추억들이 떠오르기 시작했다. 30여 년 전, 고등학생 시절의 일들이었다. 놀랍게도 제일 먼저 떠오른 것은 포장마차 떡볶이였다. 수업을 마치고 지하철역까지 걸어가던 그 길목에 있던 포장마차에서 우리는 떡볶이와 튀김을 사 먹곤 했다. 그다음 떠오른 것은 카페 라보엠. 영민이를 포함한 4인방의 아지트였다. 근처 시장 입구에 있던 그 카페에서 우리는 수다를 떨기도 했고, 미래를 이야기하기도 했다. 졸업 후에도 가끔씩 그곳에서 모여, 술잔을 기울이며 시간을 보내기도 했다.

신기했다. 20여 년 만에 연락 온 친구와의 30여 년 전 추억 중 가장 먼저 떠오른 것이 떡볶이 포장마차와 아지트였던 카페라니! 생각해 보면 이상한 일도 아니다. 이 친구와의 추억뿐 아니라 수많은 인생의 장면들이 음식점을 배경으로 새겨져 있으니까.

부모님과 처음 함께 갔던 통닭집의 기억.

이모의 고등학교 졸업식 때 갔던 개봉역 앞 만둣집.

삼촌의 대학 졸업식 후 찾은 흑석동의 중국 음식점.

대학 시절 내내 선후배, 친구들과 가서 울고 웃었던 호프집 포시즌.

누군가에게 고민을 털어놨고, 또 누군가의 고민을 들어줬던 학교 앞 주점 물레야.

내 소개로 결혼한 선희와 인철이가 거하게 밥을 산 가로수길의 일식집

촬영이 끝난 새벽 4시, 지친 귀갓길에 꼭 들렀던 자양동의 기계우동 집.

아이의 재롱에 행복해하며 아내와 함께 다닌 수많은 음식점.

아버지와 마지막 여행 때 들렀던 군산의 중식당과 담양의 한식집.

사람들은 자신의 인생의 소중한 장면들을 음식점에서 남긴다. 음식을 먹으며 또 술을 마시며 웃고, 울고, 싸우고, 화해하고, 사랑하고 헤어지고 다시 만난다.

산토리의 2021년 캠페인은 바로 그 공감을 바탕에 깔고 있다. '인생에는 음식점이 필요하다(人生には´飲食店がいる)' 시리즈다. 한참 코로나 사태로 음식점들이 어려움을 겪을 때, 일본의 음식점을 응원하기 위해 기획된 것이다. 음식점이 단지 먹고 마시는 곳이 아니라, 서로 소통하고 연결되는 소중한 공간이라는 메시지를 건넨다.

그곳은 신기한 곳이다.

말하지 못했던 속내를 말할 수 있게도 되고

몰랐던 나 자신을 만나기도 한다.

별거 아닌 일에 눈물이 날 정도로 웃기도 하고

정신을 차려 보면 모두 기분 좋은 얼굴이 되어 있곤 한다.

신기한 힘이 그곳에 있다.

이렇게 시끌벅적한데 모두의 목소리가 들린다.

오늘도 웃고 말하는

인생에는 음식점이 필요하다.

이 TV 광고는 23개의 유명 영화와 드라마의 음식점 장면을 편집해 만들어 크게 화제가 됐다. 동영상 광고 외에도 인쇄 광고, 아웃도어 등 다양한 매체를 통해 소개되었다. 수만 개의 포스터와 스티커를 음식점들에 배포하기도 했다. 지금도 산토리의 이 캠페인 페이지에는 20여 개의 포스터를 다운로드하도록 해 놓고 있다. 각 포스터에는 음식점에 얽힌 짧은 카피들이 적혀 있다. 누구나 고개를 끄덕일 만한 인사이트들이 귀여운 일러스트와 함께 자리하고 있다.

우리 인생의 소중한 무대 중 하나인 음식점의 가치를

돌아보는 캠페인이다. 오랫동안 음료와 주류를 만들어 판매하며 일본인들의 생활 속에 함께 해 온 산토리기에 할 수 있는 이야기다.

이 시리즈는 제70회 아사히 광고상 광고주 최고상, 제13회 주니치신문 광고 대상 일반지 부분 최우수상을 받았고 제75회 광고덴츠상에서는 종합상, 필름광고최고상, 브랜드 익스피리언스상을 휩쓸었다. 또한 2022년 도쿄 카피라이터스 클럽 그랑프리를 받아 광고의 완성도뿐 아니라 카피 자체로도 최고의 작품으로 인정받았다.

전화 통화를 한 다음 날 점심, 서촌 입구에 있는 우리 회사 앞에서 영민이를 만났다. 약간 주름이 늘고 배가 조금 나온 것 외에는 20여 년 전과 똑같은 모습으로 웃으며 나를 반겼다. 나는 사무실 근처 삼계탕집으로 영민이를 데려갔다. 나에게 소중한 손님이 올 때마다 찾는 곳이다. 20년이 또 지나면 우리는 이런 말을 하면서 그날을 회상할 것이다.

"20년 만에 다시 만난 날, 우리 그 삼계탕집에 갔었잖아…"

인생에는 음식점이 필요하다.

꾸미지 않은 아름다움을
사랑할 수 있는 어른이 되어 왔다.

飾らない美しさを
愛せる大人になってきた。

다이하츠 무브 신문 광고 (2017)

어른이 되는 것의 의미

방송인 전현무를 보며 동질감을 느끼는 지점이 있다. 바로 '초딩 입맛'이다. 그가 자주 등장하는 관찰 예능이라는 장르의 특성상 먹는 장면이 자주 나온다. 방송에 나오는 전현무는 어린이들이 좋아할 만한 달고 짜고 자극적인 음식을 좋아한다. 인기리에 방영됐던 〈수요미식회〉의 MC였던 그는 이 유명한 맛집 소개 프로그램에서도 초딩 입맛을 선보이며, 어른스러운 음식을 먹는 것에 어려움을 겪기도 했다. 지금도 검색사이트에 '전현무 초딩 입맛'을 치면 셀 수 없을 만큼 많은 기사와 동영상들이 응답한다.

이런 장면을 볼 때마다 초딩 입맛 보유자로서 반가움과 민망함이 교차한다. 다행인 점은 내가 그나마 나이를 먹으면서 '어른스러운 맛'을 알아 간다는 것이다. 볶고 굽고 튀긴 음식의 고소하고 달고 짜고 매운맛 말고, 담백하고 슴슴한 재료 본연의 맛을 점점 더 찾게 됐다. 꾸며지지 않은 것에 반응하는 것은 음식뿐이 아니다. 여전히 화려하고 꽉 찬 음악도 좋지만 여백이 많은 음악이 주는 여유로

움도 좋아졌다. 짜릿한 쾌감을 주는 블록버스터도 좋지만, 느긋하고 담백한 영화가 주는 즐거움도 찾게 된다.

사람도 그러하다. 어린 시절에는 잘 꾸며진 외양, 화려한 스펙에 압도당하는 경험도 많이 했다. 좋은 옷을 입고 좋은 차를 탄 사람을 동경하기도 했다. 해외의 명문대에서 학위를 받고, 엄청난 경력을 가진 사람 앞에서 움츠러들기도 했다. 그런데 오랜 시간 수많은 사람을 만나며 광고를 만들어 보니 다른 것이 보이기 시작했다.

화려하게 꾸며진 것을 거둬 내고 만나는 실체는 예상과 다른 경우가 많았다. 명함에 박힌 회사 이름과 직책에 비해 업무 능력이 초라한 경우가 의외로 많았다. 그런 사람들은 언변이 뛰어나 처음에는 대단해 보였는데 시간이 지나고 보면 알맹이가 없었다. 학위나 다른 경력이 그 사람의 능력을 보장해 주는 것도 아니었다. 그들과 일을 하면 실망스러운 경우가 많았다. 스펙은 장식일 뿐이었다.

반대인 경우도 많았다. 화려한 경력과 지위를 보고 선입견이 있었는데, 진짜 실력과 함께 겸손한 자세로 주변을 배려하는 이들도 있었다. 또 출신학교, 최종학력, 거쳐온 회사 등은 눈에 띄지 않았지만 놀라운 통찰과 실력과 품성을 보여 주는 존경스러운 이들도 있었다. 스펙은 정말 장식일 뿐이었다.

인생에서 꾸며지지 않은 것들의 가치를 알게 되는 것은 어른이 되고 있다는 증거 중 하나이다. 아직도 부족함이 많지만, 어른이 되면서 찾아오는 변화는 확실히 체감하게 된다. 2017년에 게재된 한 자동차 광고는 그런 면에서 나에게 명확한 공감의 포인트를 제공한다. 일본의 대표적인 경차 중 하나인 다이하츠 무브 광고다.

광고의 모델은 이시다 유리코다. 1969년생인 그녀는 1987년에 데뷔를 하여 순수하고 단아하면서도 세련된 도시적 여성미로 오랫동안 사랑받고 있는 배우이다. 한국에서도 큰 인기를 끌었던 드라마 〈속도위반결혼〉, 〈도망치는 것은 부끄럽지만 도움이 된다〉 등을 통해 팬들이 늘었다. 수필가, 라디오 DJ, 가수로서도 활동했고, 애니메이션 팬들에게는 모노노케 히메의 주인공 목소리 역으로 유명하다. 다양한 사회공헌활동과 동물애호가로 대중적인 이미지도 좋은, 일본 여성들의 워너비 스타다.

바닷가에서 수수한 경차 옆에 선 스타. 여백에 쓰인 카피 한 줄이 그녀가 나오는 경차 광고답다.

꾸미지 않은 아름다움을

사랑할 수 있는 어른이 되어 왔다.

飾らない美しさを

愛せる大人になってきた。

본문 카피 "어른이 되어 왔다."를 "어른이 되었다."라고 해석해도 무방하다. 'きた'가 '왔다'는 뜻이지만 문맥에 따라 '왔다'는 어감을 살릴 필요가 없는 경우가 많다. 그러나 굳이 '어른이 되어 왔다'라고 적어 봤다. 그런 어른이 되는 것은 어느 순간 완성되는 것이 아니라 인생을 살아가면서 조금씩 쌓아 가는 것이니까. 한 가지 더 눈길을 끄는 건 '사랑하는'이 아니라 '사랑할 수 있는(愛せる)'이란 가능형이다. 어른이 된다고 저절로 그런 사람이 되는 게 아니란 뜻이 담겨 있다.

왠지 이시다 유리코라면 그런 어른이 되어 왔을 것 같다. 그리고 그녀 정도의 스타라면 프리미엄급 자동차의 모델을 한다 해도 전혀 위화감이 없을 것이다. 그녀의 우아하면서도 고급스러운 이미지와 잘 맞는다. 그런데 그녀 옆에 서 있는 것은 한화로 1,600만 원 정도면 살 수 있는 경차 한 대이다. 7~8천만 원은 기본이고, 억대의 비용도 놀랍지 않은 고급 브랜드와 비교할 수 없을 정도의 수수함이다.

럭셔리 브랜드의 핸드백이나 의상을 입지 않아도 빛나는 사람. 하차감을 위해 굳이 유럽의 고급브랜드 로고를 차에 박지 않아도 되는 사람. 그리고 그런 사람의 가치를 알아볼 수 있는 사람. 이시다 유리코 같은 어른이 선택하는 차가 바로 다이하츠 무브라는 메시지다. 모델의 이미지와 카피가 적절하게 조화를 이룬 광고다.

어른이 된다는 것은 꾸미지 않은 것의 가치를 음미할 수 있다는 것이다. 그리고 그런 사람이 된다는 것이다. 이 기준으로 보면 아직도 난 진짜 어른이 되려면 시간이 더 필요한 것 같다. 수많은 형용사의 포장에 연연하지 않고 고유명사로 담백하게 서려면 얼마나 더 지나야 할까.

나에게는
멍때릴 시간이 필요합니다.

私には
ぼーっとする時間が必要です。

산토리 바 포무(BAR POMUM) TV 광고 (2022)

눈앞에서 사라진 1시간에 대한 고찰

도대체 내 1시간이 어디로 가버린 것인가. 나는 틀림없이 이메일을 확인하려고 브라우저를 띄웠다. 받은 메일함에서 뉴스레터의 제목에 눈이 먼저 갔다. "ChatGPT 열풍과 AI 시대의 마케팅". 광고인으로서 트렌드를 놓칠 수는 없지 않은가. 짧은 아티클을 읽고 나서 자연스럽게 하단의 섬네일도 클릭한다. "일론 머스크, 이 친구는 요즘 왜 이런지 모르겠네…." 혀를 끌끌 차다가 추천 기사로 이동하니 어느새 포털 사이트에 나와 있다. 포털 사이트의 상단에 서울 날씨가 보인다.

정말 날씨만 확인하려고 했다. 날씨 확인은 현대 도시 생활의 기본. 내일 비가 올 확률이 좀 있다고 한다. 오케이. 날씨 아래쪽으로 뉴스가 눈에 들어온다. 경제 뉴스를 몇 개 챙겨보고는 옆의 탭으로 시선이 옮겨 간다. 오마이걸의 효정이 예능 프로그램에 나온다고 한다. 본방사수를 결의한다. 스포츠 탭으로 옮겨 프로야구와 배구 관련 기사를 몇 개 보는데 '띵-' 하는 작은 알람 소리가 들린다. 파란색 페이스북 로고 옆에 뜬 숫자 2. 안 보고 지나치기 어렵다.

진심이다. 정말 페이스북에서 댓글만 확인하려고 했다. 어제 내가 쓴 게시물에 친구가 댓글을 달았으니 읽어 보는 건 최소한의 예의 아닌가. 짧은 댓글을 단 뒤 좋아요, 꾹. 페이스북 피드에 여러 글이 올라와 있다. 페친(페이스북 친구)들이 쓴 글을 몇 개 훑어 내려간다. "주현이 딸이 벌써 초등학교 졸업을 했네." "김 실장은 일본 놀러 갔구나. 부럽다." "저 정치인이 또 거짓말을 했다고?" 그러다가 클릭을 한 것은 페친이 공유한 영상.

공유된 그 짧은 인터뷰만 보려고 했다. 좋은 정보가 들어 있을지 누가 아는가. 영상이 끝나자 유튜브 피드가 유혹한다. 오마이걸 채널의 신규 영상, 브랜딩 관련 영상, 북튜버의 책 소개 영상을 보는 것은 원래 예정에 없던 일이다. 짧은 숏폼 영상 몇 개를 후루룩 보고 있는데 카톡 메시지가 눈에 들어온다. 세무사님이다.

세무법인에서 요청한 추가 자료만 보내 주려고 했다. 세무 관련 업무는 소중하니까. 지난달 자료 중에 빠진 걸 챙겨 보내고 나니 새로운 메시지 몇 개가 눈에 들어온다. 아내와는 아들 안과 가는 시간을 맞췄다. 박 감독님과는 모레 아침에 미팅 약속을 잡는다. 편집실에서 보내온 샘플 작업 영상 파일을 검토한 뒤 수정사항을 전달한다.

영상 파일? 아, 맞다. 동영상 제작과 관련한 이메일을 확인하려고 했었는데! 정신을 차려 보니 1시간이 지나 있다. 아마, 이렇게 시간이 삭제되어 버리는 일은 나만 겪는 일은 아닐 것이다. 브라우저를 열었다가, 온 천지를 헤매면서 본래의 용건을 잊는 것은 온라인 시대를 사는 만인의 루틴이 되었다.

이런 우리에게 정말 필요한 것을 알려주는 광고가 있다. 산토리가 만들어 판매하는 '캔 소주 칵테일' 바 포무의 TV 광고이다. 바 포무 같은 술을 츄하이 (チューハイ)라고 부른다. 소주에 탄산과 과즙이 들어간 술로 쇼추(焼酎, しょうちゅう)와 하이볼(ハイボール)의 합성어 '쇼츄하이보루'를 줄여서 부르는 이름이다. 이 광고에서는 바 포무를 20-30대 여성을 타깃으로 집에서 혼자서 즐기는 가벼운 주류로 이미지화하고 있다.

광고의 모델은 이제 막 30살이 된 모델 겸 배우 혼다 츠바사. 많은 드라마에서 주인공이나 비중 있는 조연을 맡아 한국에도 많이 알려져 있다. 패셔너블하고 도시적인 이미지로 수많은 브랜드의 광고모델을 섭렵 중이다. 영상이 시작되면 자신의 집 소파에서 스마트폰을 보고 있는 그녀의 모습이 보인다. SNS, 음악, 메시지, 게임, 유튜브 등을 상징하는 수많은 아이콘이 어지럽게 그녀 주변을 맴돈다.

그녀의 독백이 들려온다.

가끔은 세상에 완전히 신경을 꺼 버릴 수 있는

힘이 소중하기도 하고…

時々´世界を全無視できる強さも大切だったりして …

뭔가 생각 난 듯한 표정으로 그녀가 캔을 따는 순간, 아이콘들이 다 사라진다. 그녀의 맞은편에 BAR POMUM라는 네온사인에 불이 들어오며 바(Bar)가 생긴다. 어? 이건 완전히 일본판 '나래BAR'다. 모델의 이름인 츠바사는 한문으로 날개 익(翼)자를 쓰지 않는가!

바에 걸터앉아 여유롭게 술을 마시는 그녀. 조용한 자신만의 시간을 즐긴다. 메시지도, 즐길 거리도 없다. 만족스러운 표정을 짓는 그녀의 독백이 조용히 들려온다.

나에게는

멍때릴 시간이 필요합니다.

私には

ぼーっとする時間が必要です。

카피 자체는 매우 단조롭다. 영상도 평이하다. 하지만 24시간 인터넷과 스마트폰에 연결되어 한순간도 자신만의 시간을 갖기 힘들다는 문제 제기가 깊은 공감을 자아낸다. 요즘 우리들에게 절실하게 필요한 것을 그대로 담고 있다. 그래서 이 단순한 카피가 가슴에 와닿는다.

너무 많은 정보와 즐길 거리들. 한 번 창을 열면 꼬리에 꼬리를 물고 나도 모르게 빠져드는 세상. 의식적으로 한 발 빼낼 수 있는 자각과 힘이 필요하다. 광고 속 그녀처럼 알코올의 힘을 빌려서라도 '멍하고 있는 시간'을 가져야 한다. 좋은 것만으로 빽빽하게 채워진 공간에서는 오히려 답답함을 느끼듯이, 유용하고 재미있는 것만으로 빽빽하게 채워진 시간 속에선 여유도 새롭게 충전되는 힘도 가지기 어렵다.

예전에는 '좀 재미있는 거 없을까?' 하며 멍하니 있는 시간을 벗어나려고 몸부림쳤는데, 이제는 '좀 멍하니 있을 수 없을까?' 하며 텅 빈 시간을 일부러 만들어야 한다.

아까 그 이메일을 읽기 위해 다시 브라우저를 켠다. 살짝 겁이 난다. 이번에는 저 많은 정보와 재미의 지뢰밭을 뚫고 이메일을 읽어 낼 수 있을까?

인생은 마라톤이 아니다.

人生はマラソンじゃない。

리쿠르트 TV 광고 (2014)

360명 모두가 1등이 되는 방법

"내가 뛰고 싶은 방향으로 뛰면, 모두 1등을 할 수 있어요."

2022년 초 세상을 떠난 이어령 선생이 한 인터뷰에서 남긴 말이다. 그는 소설가, 시인, 평론가, 학자, 교육자, 언론인, 정치인 등 다양한 직업을 섭렵하며 한국 사회에 큰 족적을 남겼다. 다양한 주제에 대한 인문학적인 화두를 던지며 '시대의 지성인'이라는 찬사도 받았지만, 정치적 성향과 대중 지향적 행보에 대한 비판도 만만치 않았다. 그런데 이 '모두 1등론'은 그에 대한 부정적인 의견을 가진 사람들도 고개를 끄덕이게 한다. 이 말이 담긴 인터뷰는 최근 유행하는 짧은 영상으로 재편집되어 많은 사람에게 회자되고 있다. 젊은 세대를 위한 동기부여 영상의 단골 레퍼토리 중 하나다.

"모든 사람은 천재로 태어났고, 그 사람만이 할 수 있는 일이 있어요. (중략) 360명이 한 방향을 좇아서 경주를 하면 아무리 잘 뛰어도 1등부터 360등까지 있죠. 그런데 남들 뛴다고 뛰는 것이 아니라 내가 뛰고 싶은 방향으로 각자가 뛰면 360명 모두가 1등을 할 수 있어요."[8]

그동안 많은 사람이 이야기했다. 모두가 1등이 될 필요는 없다고. 'Best One'이 아니라 'Only One'이 되라고. 자신이 좋아하는 것을 따라가면 성공할 수 있다고. 그러나 어느 누구도 그의 비유처럼, 직관적으로 눈앞에 그 이미지를 펼쳐 보여 주지는 못했다. 360도 뻗은 각 방향을 향해 저마다의 길을 향해 달리는 사람들의 모습이 떠오른다. 자신이 좋아하는 길을 향하는 사람들에게 옆 사람과의 경쟁은 무의미하다. 모두가 1등이다. 명쾌하다.

이어령 선생의 메시지를 완벽하게 영상으로 보여 주는 광고가 있다. 2014년 온에어된 리쿠르트의 TV 광고다. 그의 '모두 1등론'이 수준 높은 크리에이티브로 표현됐다. 영상은 마라톤 시합의 출발 장면에서 시작한다. 총소리와 함께 수많은 이들이 한 방향을 향해 달려 나간다. 사람들과의 경쟁 속에서 힘들게 달려 나가는 주인공의 독백이 이어진다.

오늘도 계속 달린다.

누구나 러너다.

시계는 멈출 수 없다.

(중략)

라이벌과 경쟁하면서

시간의 흐름이라는 외길을

우리는 계속 달린다.

더 빠르게.

한 걸음이라도 더 앞으로.

그 앞에 미래가 있다고 믿으며.

반드시 목표가 있다고 믿으며.

인생은 마라톤이다.

열심히 살라는 이야기구나, 하고 생각할 무렵 이대로 끝날 것 같던 광고의 분위기가 갑자기 바뀐다. 인생은 마라톤이라는 명제에 의문을 가진 주인공이 카메라를 응시하며 묻는다.

그런데… 정말 그런가?

그의 예상 밖의 외침이 이어진다.

인생은 마라톤이 아니다.

누가 정한 코스이며,

누가 정한 목표란 말인가?

이 광고를 처음 봤을 때 가장 인상 깊은 장면은 공중에서 본 풀샷이었다. 주인공이 먼저 주어진 마라톤 코스를 벗어난다. 자신만의 방향으로 달리며 물꼬를 트자, 한 방향을 향해 달리던 청년들도 저마다의 방향으로 흩어져 자신들의 길을 향하기 시작한다. 360도 방향으로 제각기 달리는 청년들의 모습을 보는데, 소름이 끼쳐 왔다. 그리고 그 순간 이어령 선생의 이야기가 머리를 스쳤다.

어느 청년은 궤도를 벗어나 골목길을 달리고, 누군가는 건물 안으로 들어간다. 누군가는 숲을 달려 바다에 닿았고, 또 다른 선수는 하늘에서 스카이다이빙을 한다. 설원을 달리는 선수, 파티를 즐기는 선수, 교실에서 공부하는 선수까지 모두 가치가 있고 의미 있는 선택이다. 이것이 바로 360도 모든 방향으로 각자의 길을 달려 모두가 1등을 하는 모습이다.

길은 하나가 아니다.

목표는 하나가 아니다.

그것은 사람의 수만큼 있는 것이다.

그리고 결정적인 마지막 한마디가 가슴을 울린다.

모든 인생이 훌륭하다.

全ての人生が素晴らしい。

사실 중요한 것은 '인생이 마라톤이냐, 아니냐'가 아니다. 모든 인생이 다 훌륭하다는 그 한마디다. 인생은 마라톤이기도 하고 아니기도 하다. 가끔은 몇십 킬로미터를 묵묵히 달려야 하는 구간도, 때로는 100m를 전력 질주해야 할 구간도 나오는 예측 불가의 게임이다. 줄지어 선 순서대로 평가받는 것이 아니라, 내게 주는 의미 그대로 가치가 있는 게임. 그 길을 거쳐가는 모든 인생과 모든 도전이 박수를 받아 마땅하다.

이 광고는 카피의 짜임새 콘티의 완결성, 그리고 영상의 표현까지 흠잡을 데 없는 수작이다. 무엇보다 묵직한 메시지를 기발한 아이디어로 시각화한 크리에이티브가 돋보인다. 그리고 오래전부터 서비스의 우수성을 조급하게 외치기보다는 자신들의 철학을 긴 안목으로 형상화해 온 리쿠르트의 클래스에 다시 한번 감탄하게 된다.

좋아하는 선수가 있는 것만으로
인생은 활기차진다.

好きな選手がいるだけで、
人生は盛り上がる。

요미우리 자이언츠 신문 광고 (2010)

아저씨는 그렇게 배구 덕후가 됐다

내가 배구에 푹 빠진 건 몇 년 전의 일이다. 회사가 예기치 못한 어려움을 겪으며 큰 스트레스를 받던 때다. 가족이나 직원들이 걱정할까 봐 속 시원히 말도 못 하고 있었다. 혼자 끙끙거리며 속이 새까맣게 타들어 가던 무렵, 우연히 페이스북에서 배구 직관을 추천하는 글을 읽었다. 직접 보면 그렇게 재미있다고 했다.

답답한 마음에 기분 전환 삼아 얼마 후 가족과 함께 장충체육관을 찾았다. 그곳에는 상상하지 못한 신세계가 펼쳐지고 있었다. 파워풀한 남자 배구에 비해 여자 배구는 아기자기한 재미가 있다고 누가 그랬던가. 코앞에서 펼쳐지는 빠르고 강력한 플레이는 잠시도 눈을 다른 곳에 둘 수 없을 만큼 흡입력이 강했다. 열정적으로 몸을 던지며 파이팅을 외치는 선수들의 모습은 자못 감동적이었다. 첫 직관에서 배구의 매력에 빠져 버린 나는 바로 연간 회원권을 샀다. GS칼텍스 배구단의 홈구장인 장충체육관은 집과 회사의 딱 중간에 있었다. 가까워서 시작한 응원이었지만, 금세 열렬한 팬이 됐다.

가족들과 자주 경기를 보면서 각각 좋아하는 선수가 생겼다. 아들은 장난기 많고 유쾌한 안혜진 선수를 좋아했다. 아내는 성실하면서도 카리스마 있는 이소영 선수의 팬이 됐다. 내 눈이 머문 이는 등번호 6번, 세터 이고은 선수였다. 배구 선수치고는 작은 키로 펼치는 영리하면서도 헌신적인 플레이에 반해 버렸다(지금은 팀을 옮겨 내가 응원하는 팀 소속은 아니지만, 여전히 이고은 선수를 응원하고 있다).

좋아하는 팀과 선수가 생기면서 생활의 변화가 시작됐다. 난생처음으로 좋아하는 선수의 유니폼을 샀다. 경기장을 찾아가 유니폼을 흔들며 응원하는 것은, TV 앞에 앉아 있을 때와는 비교할 수 없는 즐거움을 줬다. 회사 일로 직관을 못 갈 때는 컴퓨터 모니터 창에 온라인 중계를 켜 놓았다.

스마트폰을 열면 배구 소식을 제일 먼저 찾아봤다. 팀이 이기거나 이고은 선수가 큰 활약을 한 날이면, 온라인 기사를 언론사별로 다 찾아 읽었다. 복잡한 배구의 룰과 전략을 이해하기 위해 전문가들의 글을 찾아보고, 책도 사서 읽었다. 내 SNS 채널에는 배구 경기장에서 찍은 사진들이 자주 올라가기 시작했다. 팀과 선수의 SNS 채널을 팔로우하고, 팬 커뮤니티의 글을 읽으며 관련 정보를 쌓아갔다. 자연스럽게 다른 팬들과도 교류하면서 연대감은 더욱 커졌다.

오랜만에 만나는 사람들에게 배구 직관을 가 보라고 추천을 하며, 어느새 어쭙잖은 배구전도사 노릇을 하고 있었다. 다이어리에 표시해 둔 경기 일정을 보고 있는 것만으로 기분이 환기됐다. 좋아하는 팀과 선수의 존재는 일상의 스트레스를 넘기는 힘이 되어 줬다. 내가 이렇게 달라지다니. 이런 내 상황과 심경을 찰떡같이 알아주는 광고 카피가 있다.

좋아하는 선수가 있는 것만으로

인생은 활기차진다.

好きな選手がいるだけで、

人生は盛り上がる。

'盛り上がる'를 '활기차진다'라고만 옮겼지만, 이 단어에는 부풀어 오르는 뉘앙스가 있다. 활기를 넘어서, 흥이 나고 활력이 넘쳐서 인생이 풍성하게 달아오르는 느낌이 들어있다. 이 문구는 2010년 프로야구 팀 요미우리 자이언츠가 여성 팬들을 위해 만든 'Girl's Giants Seat'를 알리기 위해 만든 광고의 헤드라인이다. 이 인기 야구단은 도쿄돔에서 열리는 일부 홈경기 때 여성 전용 좌석을 설치하고, 여성용 수납 박스, 무릎 담요, 여성용 메뉴 등 서

비스를 제공했다. 여성에 최적화된 서비스로 여성 팬들의 관심을 더 모으기 위한 것이었다. 그리고 좋아하는 선수가 얼마나 삶을 즐겁게 만들어 주는지 말해 주는 카피로 광고를 만든 것이다. 여성 야구 팬들 뿐 아니라 모든 스포츠 팬들이 공감할 수밖에 없는 말이다.

스포츠가 재미있어지는 제일 간단한 방법은 응원하는 팀이나 선수를 만드는 것이다. 룰도 모르고 지루했던 경기가 단번에 흥미로워진다. 특히 좋아하는 선수가 생기면 생활이 완전히 달라지기도 한다. 보는 뉴스와 유튜브 채널이 달라진다. 누가 시키지 않아도 관련된 정보를 찾고, 공부까지 하게 된다. 몰랐던 사람들과 끈끈한 유대감을 공유하게 된다. 스타를 직접 찍기 위해 전문가용 카메라를 사기도 하고, 프로급의 편집이나 보정 실력을 갖추기도 한다. 돈과 시간을 쏟는 만큼 애정은 더 커진다.

스포츠뿐만이 아니다. 연예인을 좋아하는 것도 비슷하다. 아이돌 팬들의 열정적인 응원은 이미 오래전부터 사회적 이슈가 될 만큼 대단했다. 요즘은 트로트 가수의 팬이 되면서 인생이 흥겹게 달라졌다고 고백하는 어르신들의 모습이 종종 TV에 소개된다. 평소 음악을 즐기고, 공연장을 찾는 것을 넘어서, 아이돌 팬 못지않은 조직적인 팬클럽 활동까지 하는 분들도 많다. 좋아하는 스타를 따라다니면서 건강을 되찾았다거나 인생이 달라졌다는 어르신들의 간증을 종종 듣는다. 임영웅이나 송가인 같은 가수들이 실제 자식들보다 더 많은 효도를 해 주고 있다는 생각이 들 정도다.

물론 늘 즐거움만 있는 것은 아니다. 팀의 부진한 성적으로 안타까움과 스트레스를 받기도 한다. 선수의 개인적인 이슈로 실망감을 주는 일도 생긴다. 진정한 팬이 된다는 것은 좋아하는 팀이나 스타가 주는 빛나는 즐거움만을 소비하는 것 이상의 일이다. 그림자까지 끌어안고 자신의 인생의 중요한 일부가 되는 것이다. 단순한 구매자나 추종자가 되는 것을 넘어서는 일이 된다.

올해도 배구 시즌은 10월에 시작한다. 찬 바람이 불어오면 나는 또 설레기 시작할 것이다. 좋아하는 팀, 좋아하는 선수와 써 내려갈 내 인생의 다음 페이지는 또 어떤 이야기가 펼쳐질까.

거리의 시험 앞에
두 사람은 강해진다.

距離にためされて、
ふたりは強くなる。

JR東海 신데렐라 익스프레스 TV 광고 (1992)

로미오와 줄리엣 부모의 결정적 실수

《나는 소망한다 내게 금지된 것을》. 1990년대 초반에 발표된 양귀자 작가의 소설 제목이다. 소설 자체로도 큰 화제를 일으키며 성공한 이 작품은 동명의 영화로까지 만들어졌다. 당시 최절정의 인기스타였던 故 최진실 배우가 주연을 맡아 제법 흥행도 성공했고, 대종상, 백상예술대상 등을 수상하기도 했다. 젊은 여성이 남성중심적 세상에 대한 상징적 복수로 남자 톱스타를 납치한다는 서사와 페미니즘 논쟁이 화제성을 가져왔는데, 이 작품의 성공에는 제목의 역할이 아주 컸다고 생각한다.

프랑스의 시인 폴 엘뤼아르의 시구에서 가져왔다는 이 제목은 누구에게나 강한 공감을 불러일으킨다. 이브가 먹지 말라는 사과를 베어 문 이래, 인간은 금지된 것을 갈망해 왔다. 이 말은 우리가 금지된 것을 원하고 있다는 단순한 사실만을 전하고 있지 않다. 금지하면 할수록 더 소망하게 된다는 깊은 통찰을 담고 있다. 그냥 놔두면 평범한 욕망을 불러일으키는 대상이, 장애물이 생기는 것만으로 200%, 300% 이상 갈망을 폭발시키기도 한다.

나는 술을 거의 못 마신다. 몸이 받아 내지 못한다. 억지로 참석할 회식이 없다면 1년에 단 한 잔의 술도 마시지 않고 지낼 수 있다. 그런 내가 느닷없이 술을 마시고 싶은 충동에 빠질 때가 있다. 건강검진이나 진료를 위해 병원에 갔다가 술을 마시지 말라는 이야기를 들을 때다. 놀랍다. 술에 관심이 없는 데도 '마시지 말라'는 말 한마디에 괜히 마시고 싶은 욕구가 꿈틀거리는 것이다. 이 무슨 청개구리 본능인가. 관심이 없는 것도 하지 말라면 굳이 하고 싶어지는 게 사람이다. 못 먹게 되면 더 먹고 싶고, 못 입게 하면 더 입고 싶고, 못 놀게 되면 더 놀고 싶은 게 사람이다.

이렇듯 난관이 생기면 더 큰 갈망의 반작용을 일으키는 것이 연애 감정이다. 사랑하는 사람을 타의나 부득이한 조건 때문에 못 만난다면 그 애틋함은 최소한 300%로 넘쳐흐른다. 로미오와 줄리엣 부모의 패착은 '두 사람을 억지로 떼어내려 한 것'이라는 얘기가 있다. "아직 14살이 채 되지 않은 나이"라는 대사로 미루어 줄리엣은 13~14세 정도였고, 로미오는 16세 정도로 추정된다고 한다. 지금 청소년 기준으로 보면 줄리엣은 중1이나 중2, 로미오는 고1 정도였다. 10대였던 두 사람을 그대로 놔뒀다면 아마 몇 년 지나서 자연스럽게 헤어졌을 것이다.

연구 결과에 따르면 남녀 간의 연애 감정이 지속되는 것은 약 2년 정도이며, 청소년의 경우 3~4개월 정도에 그친다고 한다. 어쩌면 그들은 채 몇 개월도 안 돼서 전 남친, 전 여친의 관계로 돌아섰을 가능성이 높다. 그런데 둘을 억지로 갈라놓으니 사랑은 더욱 불타오르게 된다. 자신들의 의지에 반해 떨어져 있게 된 연인들의 사랑은 대개 원래 무게보다 더 큰 인플레이션을 거치게 된다.

로미오와 줄리엣 정도까지는 아니어도, 멀리 떨어져 있을 수밖에 없는 연인의 애틋한 마음을 느껴 볼 수 있는 광고가 있다. 1992년에 방영된 JR東海의 신데렐라 익스프레스 TV 광고다.

광고에는 주말의 달콤한 데이트를 즐긴 후 일요일 밤에 아쉽게 헤어지는 커플의 모습이 그려진다. 플랫폼에서의 이별 장면. 기차에 탄 남자의 시점으로 열린 문밖에서 배웅을 하는 연인의 모습이 보인다. 아쉬운 표정을 감추지 못하다가, 무언가 남자를 향해 이야기하려고 하는데, 기차의 문이 닫히고 만다. 기차가 출발하자 여자는 기차를 따라 달리며 연인에게 들리지 않는 목소리로 어떤 말을 한다. 무슨 이야기인지 알 수는 없지만, 오버보이스로 들려오는 내레이션이 그녀의 마음을 알려 준다.

사실은

거리에 질 것 같은 자신이 두렵습니다.

그걸 알고 있기에

오늘 확실히 당신을 만났다는 것을

몸과 마음 어딘가에 새겨 두고 싶은 것입니다.

당신 곁에 닿고 싶습니다.

안타까운 마음을 숨기고 오히려 밝게 웃으며 기차를 따라 달리는 그녀의 애틋한 모습 위에 내레이션이 묵직하게 흐른다.

거리의 시험 앞에

두 사람은 강해진다.

距離にためされて、

ふたりは強くなる。

신데렐라 익스프레스는 JR東海의 도쿄발 신오사카행 열차편의 이름이다. 이 동화 같은 이름은 사실 신칸센 운행에 대한 법적 제한 때문에 생겼다. 1980년대 후반, 모든 신칸센이 소음과 선로 정비 관계로 자정 이전에 운행을 마치도록 법이 바뀌었다. 그로 인해 도쿄에서 9시 20분에 출발하는 기차가 막차가 된 것. 12시 전에 도착한다는 점에서 착안하여 신데렐라 익스프레스라는 이름을 붙여 마케팅을 한 것이다. 이 감성적인 광고도 그 일환이었다.

마법 같은 컨셉이다. 이름을 달리 붙여 놓으니 그저 빨라진 막차를 타려던 주말 연인들이 동화 속 왕자님과 신데렐라가 된 것이다. 이 캠페인이 크게 히트하면서 신데렐라 익스프레스는 장거리 연애를 하는 연인들이 향유하는 낭만의 상징이 됐다. 이 감성적인 마케팅의 대성공으로 회사의 수익도 크게 상승했고 또 다른 낭만적인 익스프레스 시리즈를 이어가는 계기가 됐다.

이 광고를 위해 제작된 노래의 타이틀도 〈Cinderella Express〉이다. 싱어송라이터 마츠토야 유미가 직접 만들고 불러 음악 자체로도 크게 히트를 했다. 클라이맥스 부분의 가사가 헤어지는 여성의 마음을 신데렐라 이야기처럼 아름답게 그리며 많은 사랑을 받았다.

신데렐라,
지금 마법이 사라지듯 기차는 떠나가지만
유리 구두 한쪽은 그가 가지고 있는 거야.

거리의 제약이라는 난관 앞에서 강하게 타올랐던 두 사람은 결국 어떻게 되었을까. 1992년에 방영된 광고이니, 저 무렵 신데렐라 익스프레스를 타고 주말 연애를 했던 실제 커플의 사랑이 이뤄졌다면 아마 지금쯤 50대 후반에서 60대 초반의 부부가 됐을 것이다. 지금 한참 장거리 연애를 하며 애달파 하는 청춘들의 딱 부모 세대가 된 것이다. 거리의 시험을 이겨 낸 사랑의 힘을 자식들에게 보여 줄 수 있으면 좋겠지만, '오래오래 행복하게 살았더래요' 같은 동화 속 해피엔딩과 현실은 꽤 다른 편이다. 아쉽게도.

시간은 흐르지 않는다.
그것은 쌓이는 것이다.

時は流れない。
それは積み重なる。

산토리 크레스트 12년 TV 광고(1991)

쌓이는 것의 힘

노란 연필을 든 셔츠 차림의 백발 장년. 오랫동안 내 머릿속에 저장된 외국 카피라이터의 이미지이다. 실제로는 제대로 본 적도 없는 백발 카피라이터의 잔상이 새겨져 있는 건, 어디선가 읽은 글들과 광고계 선배들로부터 들은 이야기 때문이다. 다름 아닌, 우리나라와 서양의 광고대행사 제작팀 구성에 대한 관련된 것이다.

크리에이티브 디렉터(Creative Director, CD)는 광고대행사에서 제작을 책임지는 역할을 하며 회사 조직상 제작팀장으로 기능한다. 보통은 디자이너와 카피라이터 등을 팀원으로 두고 일한다. 예전에는 영상 제작을 담당하는 프로듀서(PD)도 대행사 내부에서 CD의 팀원으로 일하기도 했다. 그러나 2000년대 초반 무렵부터 PD의 기능이 외부의 프로덕션으로 옮겨 가면서, PD가 대행사의 제작팀에서 사라졌다. 예전에는 PD 출신 CD도 있었으나 지금은 디자이너나 카피라이터가 '승진'을 해서 CD가 된다.

외국의 대행사에서도 CD가 크리에이티브를 책임지

는 건 마찬가지다. 그러나 디자이너나 카피라이터 위에 군림하는 상사가 아니라고 한다. 외국에서도 역시 카피라이터가 CD가 되기도 한다. 그런데 다른 점이 있다. 제작을 책임지는 것보다 카피를 쓰는 것이 더 좋은 카피라이터는 나이가 들어도 카피라이터로 남아 있다는 것이다. CD가 수직적으로 카피라이터를 거느리는 구조가 아니기에, 경험 많은 카피라이터를 존중하며 협업이 가능한 것이다. 그래서 한국에서는 볼 수 없는 백발이 성성한 카피라이터가 존재하고, 그들의 오랜 경험과 노하우를 카피에 담을 수 있다.

한국에도 나이 많은 카피라이터들이 있다. 주로 독립한 프리랜서 카피라이터들이다. 그러나 대다수를 차지하는 광고대행사의 카피라이터는 CD의 팀원으로 기능하는 젊은 카피라이터다. 카피라이터 출신 CD가 카피라이터 역할을 함께 하기도 하지만 CD로서의 역할이 우선이다. 대행사에 나이가 많은 전문 카피라이터가 있다면 이것은 승진을 못했다는 의미다. 백발의 전문 카피라이터가 한국 대행사에 없는 이유다.

카피라이터가 성장하면 관리자가 되어야 하는 현실. 거기에 특히나 젊고 새로운 감각을 중요하게 생각하는 한국 광고계의 영향으로 경험 많은 카피라이터가 사라지고 있다. 카피라이터만이 아니다. 광고기획자, 디자이너, 프로듀서, 감독 등 한 시절을 풍미했던 광고계의 대선배들이 아쉬운 모습으로 업계에서 물러나는 일을 자주 보게 된다. 씁쓸하다.

그런 기분 때문인지, 산토리의 한 위스키 광고는 두고두고 떠올리며 음미하게 된다. 1991년에 온에어된 산토리 크레스트 12년 TV 광고이다. 스코틀랜드 출신의 배우 숀 코너리의 그윽한 모습이 돋보이는 영상이다.

숀 코너리는 1962년에 007 시리즈의 첫 작품 〈007 살인번호〉에 캐스팅됐다. 이후 1971년까지 시리즈에 등장하며 제임스 본드 특유의 이미지를 구축했다. 이 시리즈의 오래된 팬들에게는 007의 상징처럼 각인된 배우이다. 제임스 본드 역할을 그만둔 이후에도 많은 영화에서 품격있는 역할을 소화해 많은 사랑을 받았다. 2000년에는 영화 발전에 기여한 공로로 영국 왕실에서 기사 작위를 받기도 했다.

광고 자체는 아주 단순하다. 아름다운 피아노 연주가 배경음악으로 흐르는 서양풍의 집 앞. 숀 코너리가 양주병 하나를 들고 밖으로 걸어 나와 야외의 테이블 앞에 앉는다. 함께 가져 나온 신문을 잠시 읽던 그가 테이블 위에 놓인 위스키 병을 들어 잔에 따른다. 향을 잠시 맡아본 후 위스키를 음미하는 숀 코너리. 세월의 깊이가 담긴 그의 등장만으로 모든 것이 설명되는 광고다. 오랜 시간을 거쳐온 완숙한 신사가 자신의 공간에서 여유롭게 위스키를 즐기는 장면 위에 딱 한 줄의 카피가 던져진다.

시간은 흐르지 않는다.

그것은 쌓이는 것이다.

時は流れない。

それは積み重なる。

오랜 시간 숙성된 그윽한 향과 맛의 위스키. 그 인간화가 바로 숀 코너리 아닌가. 심지어 그는 위스키의 고장 스코틀랜드 출신이다. 완벽한 캐스팅이다. 숀 코너리의 품격있는 모습에 얹어진 한 줄의 카피만으로 충분히 아름답고 임팩트 있게 메시지가 전달된다.

시간이 그저 흘러가 버리지 않고 위스키 안에 향과 맛으로 축적되는 것처럼 우리 삶도 마찬가지다. 그냥 흐르기만 하는 세월은 없다. 새로움이 주는 가치가 있듯이, 시간을 쌓아야만 만들 수 있는 경륜의 가치가 따로 있다. 이것은 그저 흉내만으로 구현할 수 없는 것이다. 90을 향해가는 나이에 여전히 연기를 하는 배우, 긴 경험을 통해 따듯한 인술을 펼치는 노의사, 여전히 취재 현장을 누비는 노기자의 모습이 미디어를 통해 비춰질 때마다 존경과 부러움을 동시에 느끼게 된다. 광고업계를 포함한 많은 영역에서 시간이 축적된 가치가 온전히 인정받으면 좋겠다는 글을 진지하게 쓰는 걸 보니 나도 늙었나 보다. 아니, 나의 시간도 꽤 쌓였나 보다.

마찰을 두려워하지 마라.
마찰은 열이 된다.
그 열만이 열정이 된다.

摩擦を恐れるな。
摩擦は熱になる。
その熱だけが
熱情になる。

토요타 GAZOO RACING 잡지 광고 (2016)

'좋은 게 좋은 것'이 좋은 것인가

토이의 〈좋은 사람〉이란 곡이 있다. 2001년에 발표된 이 노래는 오랫동안 많은 짝사랑 경험자들의 사랑을 받았다. 좋아하는 후배에게 '고마워, 오빤 너무 좋은 사람이야'라는 말을 들으며 몰래 웃고 마는 짝사랑남이 주인공이다.

학교 후배를 좋아하는 화자는 그녀의 고민 상담도 해주고, 학교생활에 많은 도움을 주는 '그냥 좋은 선배'이다. 그녀와 연인 같다고 장난치는 주변 친구들의 말에 밤 지새우며 설레지만, 먼 곳에서 그녀를 바라만 볼 뿐이다. 그녀에게 연인이 있는 걸 알기 때문이다. 주인공의 마음을 모르는 (아마도 알면서 모른 척하고 있는) 그녀가 주인공의 생일날 남자친구를 데려와 인사시켰을 때도, 그와 사이가 안 좋아져 슬퍼하고 있을 때도 화자는 늘 똑같은 태도이다. 그녀 곁에서 축하해 주거나 위로해 주는 '좋은 사람' 노릇밖에 하지 않는다. 이 노래의 하이라이트 파트의 가사가 그의 마음을 아프게 보여 준다.

나는 혼자여도 괜찮아
널 볼 수만 있다면 나
늘 너의 뒤에서 늘 널 바라보는
그게 내가 가진 몫인 것만 같아

_토이, 〈좋은 사람〉

속절없이 가까이서 짝사랑을 하는 사람의 마음을 자세하게 묘사한 가사 때문에 많은 사람이 좋아하면서도 답답해했다. 노래 속 주인공은 좋아하는 마음을 표현하면 그나마의 좋은 관계마저 잃어버릴까 봐 두려워하는 것이다. 마음을 밝히면서 생길 수 있는 갈등을 회피하는 것. 그래서 '좋은 사람'이라는 허울 좋은 말에 만족하고 돌아선다. 이 노래가 오랫동안 큰 사랑을 받은 것은 가사에 대한 공감 때문일 것이다. 누구나 이런 '좋은 사람'이 되어 보거나, 주위에서 경험해 본 적이 많기 때문이다. 그런데 이런 '좋은 사람'은 연애 상황에서만 발견되는 것이 아니다.

학교나 사회에서도 '좋은 사람'은 곧잘 등장한다. 자기가 맡은 일에 책임감을 가지고 임하는 것은 기본이고, 다른 사람들을 잘 도와준다. 특히 자신의 주장을 강하게 내세우기보다는 상대방의 이야기를 잘 들어 준다. 여기까지는 정말 '좋은' 태도와 품성이다. 문제는, 그 '좋은 사람'이라는 말에 만족하고 더 앞으로 나아가지 않는 경우다.

의견이 충돌하거나, 문제를 해결해야 하는 경우에 이 태도의 단점이 드러난다. 상대방과 갈등을 겪기보다는 자신의 의견을 포기하는 쪽으로 결론을 내는 것이다. 관계상의 어려움이 있어도 자신이 원하는 것을 관철해 얻어내는 편익보다, 갈등을 피해서 얻는 심리적 안정과 평안의 편익이 더 크다고 느끼는 것이다. 이런 마음은 흔히 '좋은 게 좋은 것'이란 말로 표현된다. 그에 대한 포장이 '좋은 사람'이다.

그 허울을 경고하고, 다른 생각의 각도를 알려 주는 광고 카피가 있다. 토요타의 모터스포츠 사업부인 토요타 가주 레이싱(Toyota Gazoo Racing)의 잡지 광고 문구이다. 이 광고는 모터스포츠 트랙에 남겨진 많은 레이싱카의 흔적을 사진으로 보여 준다. 이 강렬한 이미지 위에 네 줄의 짧은 카피가 배치되어 있다.

마찰을 두려워하지 마라.

마찰은 열이 된다.

그 열만이

열정이 된다.

摩擦を恐れるな。

摩擦は熱になる。

その熱だけが

熱情になる。

많은 사람이 마찰을 두려워한다. 나도 그렇다. 마찰의 열이 뜨겁고 상처를 주기 때문이다. 그런데 이 광고는 다른 시각을 제시한다. 그 열을 좋은 방향으로 쓰는 방법을 알려 주는 것이다. 광고 속에서 열은 열정을 의미한다. 마찰을 두려워하지 않는 열정. 그것을 품지 않으면 힘차게 앞으로 나갈 수 없다. 더 도전할 수도, 성취할 수도 없다. 이렇게 다른 앵글로 보면 마찰은 상처의 이유가 아니라 전진의 원동력이 된다.

이 광고는 질문을 던진다. 더 좋은 결과가 아니라 나에게 편안한 상태를 위해 '좋은 사람'이라는 포장으로 타협한 적은 없었는지. 학생회와 학보사 활동을 했던 학창 시절에도, 늘 전략과 아이디어를 놓고 치열하게 토론하는 광고 회사 생활을 하면서도 갈등은 피할 수 없는 운명 같은 것이었다. 열띤 토론과 감정적인 부딪힘이 상수로 존재하는 곳에서 그저 갈등을 피하기 위한 선택을 한 적은 없었는지 돌이켜 보게 된다. 특히 시간이 쌓이면서 '좋은 사람'이란 방패막이와 '능숙해진 사회생활'의 결과로 만들어진 안정과 평화에 안주하지는 않았느냐고 질문한다.

토요타 가주 레이싱 광고의 비주얼과 같은 아스팔트

의 흔적이 내 주변에 보이지 않는다면 아마 둘 중의 하나일 가능성이 높다. 내가 마찰을 두려워해서 과감한 드리프팅을 회피하거나, 마찰을 하려고 해도 타이어가 닳아 있거나. 어느 경우든 진짜 '좋은 사람'과는 상관없는 것이다. 나는 지금 필요한 마찰이라면 기꺼이 감수하려는 마음을 지니고 있는가? 마찰의 재료가 닳아 없어지지 않도록 나의 비전과 실력을 잘 가다듬고 있는가?

인생에, 쓸데없는 시간을.

人生に、ムダな時間を。

U-Next 옥외 광고 (2021)

쓸데없음의 쓸모

20세기 대한민국 광고계에서 사회생활을 시작한 최악의 폐해는 과도한 바쁨에 내성이 생겼다는 것이다. 야근은 너무나 당연했고, 주말 근무도 일상인 시절이었다. 광고회사 안에서도 특히 기획과 제작 파트는 그런 생활을 당연시했다. 광고 일은 원래 그런 것이라고 생각했다. '이게 문제가 있는 거라는 생각을 못한 것이 문제'라는 것은 한참 후에나 알게 되었다.

광고주의 오더가 금요일 오후 늦은 시간에 오는 일도 잦았다. 월요일 오전 회의 전에 확인할 수 있으면 좋겠다는 마감 기한도 낯설지 않았다. 선배들은 너무한다고 투덜거리면서도 그럴 줄 알았다는 듯 받아들였다. 팀장의 스타일에 따라 주말 중 하루라도 쉴 수 있으면 그나마 다행이었다. 보통은 일주일 내내 야근과 주말 근무가 이어지기 일쑤였다. 그렇게 해서 수많은 회사의 월요일 아침 회의에 광고 시안이 올라가 있곤 했다.

"문제는 광고주가 아니라 선배들이다." 한 동료는 그

렇게 푸념하기도 했다. 무리한 요구를 하는 광고주보다 그런 요구에 맞춰 '어떻게든' 해낸 선배 광고인들이 더 큰 죄인이라는 것이다. 묘하게 설득력이 있었다. 아무튼, 이 나쁜 전통은 계속 이어져 내려와 후배 광고인들의 육체적, 정신적 건강을 갉아먹었다.

21세기도 20여 년이 지난 요즘은 확실히 광고주도 좋은 방향으로 달라졌다. 합리적으로 일하는 광고주가 많아졌다. 클라이언트-광고 회사의 관계를 수직적인 갑을관계가 아닌 파트너로 인식하고 그에 걸맞은 프로세스를 함께 협의하는 곳이 많아졌다. 정말 감사한 일이다.

요즘의 문제는 광고주도, 광고계의 선배들도 아닌 나로부터 발생한다. 오랫동안 쉬지 않고 일하는 것에 익숙해진 내가 문제다. 어쩌다 정시에 퇴근하거나 주말에 바쁜 일이 없으면 즐거운 게 아니라 불안해지는 것이다. 혹시 내가 일을 게을리하고 있는 건 아닌가? 내가 미루고 있는 일이 있나? 어이없는 자기검열에 스스로 쓴웃음을 짓게 된다. 이게 글로만 읽고 말로만 듣던 '자본주의의 자발적 노예'의 사고 방식 아닌가.

이런 생각과 태도의 관성은 업무 밖 생활로 확장된다. 시간이 비어 있는 것이 불안하다. 일을 하지 않으면, 뭐라도 짜임새 있게 시간을 보내야 한다는 부담이 저절로 생긴다. 쓸모있는 시간에 대한 강박이랄까. 시간을 쓸데없이 낭비하고 있는 것이 아깝다. 일정표에 빽빽하게 채워지지 않은 날이 있으면 왠지 모르게 마음 한 곳이 편하지 않다. 외국어를 공부하거나, 책을 읽거나, 악기를 배우거나. 글을 쓴다거나. 뭐라도 생산적인 것을 해야 한다는 생각이 마음속을 지배하고 있는 건 아닌가. 이런 나에게 점잖게 경고해 주는 듯한 광고 카피가 있다.

인생에, 쓸데없는 시간을.

人生に、ムダな時間を。

일본의 OTT 플랫폼인 U-Next의 옥외 광고 카피다. U-Next는 넷플릭스, 아마존 프라임 등 외국계를 제외하면 일본 업체로는 가장 많은 가입자를 가지고 있는 OTT다. 영화, 드라마, 예능 등 영상 콘텐츠를 제공하는 업체는 고객의 시간을 두고 경쟁한다. 그래서일까, 가격경쟁력이나 콘텐츠의 숫자, 강점이 있는 분야 같은 특징이 아니라 시간의 가치를 먼저 역설한다.

이 광고는 인생을 빽빽하게 채우고 있는 To Do List에 끌려다니지 말라고 말한다. 쓸데 있는 일에 치이지만 말고, 쓸데없어 보이는 시간을 좀 더 사랑하고 조언한다. 바디 카피를 읽어 보면 그 의미가 조금 더 선명해진다.

(전략) 인생에는 할 일이 너무 많다.

그러고 보니, 마지막으로 영화를 제대로 본 게 언제였을까.

120분 동안 두근거렸던 게 언제였을까.

누구나 삶의 방식을 다시 돌아보는 지금.

어른일수록 좀 더 쓸데없는 시간을 사랑해도 좋다.

그것이 매일의 풍요로움으로 이어지기 때문이다. (후략)

'쓸모있는 것'들로만 꽉 찬 삶에서 어떻게 숨을 쉬고 여유를 찾을 수 있을까. 쓸데없는 시간이 준 삶의 여백이 쓸데 있는 시간의 힘을 만들어 준다. '쓸모있는 시간'의 쓸모를 더욱 명징하게 해 주는 것이 '쓸데없는 시간'이다.

심지어 아이디어를 낼 때도 '쓸데없는 시간'이 중요하다고 배웠다. 좋은 아이디어를 내기 위해서는 집중해서 생각하는 시간이 지나면 그 생각으로부터 자유롭게 뇌를 놔두어야 한다고 한다. 그래서 좋은 아이디어는 회사의 책상이나 회의실보다, 집으로 돌아가는 버스 안이나 샤워 중인 욕실에서 나오는 경우가 많다고 한다. 그걸 알면서도 초조하고 불안한 마음은 쓸데 있는 것들만 찾게 된다.

'무료한 시간이 없는 삶은 얼마나 불행한가'. 몇 년 전의 어느 날 힘든 하루를 보내다가 공허해진 마음에 문득 든 생각이었다. 심심해 본 적이 언제였는지 생각이 나지 않는다. 무료하다고 느껴 본 게 언제였는지도 모르겠다. 쓸모 있는 일만 좇아가다가, 여유도 없어지고 나의 내면을 바라볼 시간을 놓치고 있는 게 아닌가 생각이 들었다. 그러나 그것도 잠시였다. 언제 그랬냐는 듯, 나는 바쁘게 짜인 일정 속으로 스스로를 몰아넣고 있었다.

이렇게 광고 카피를 다시 꺼내 읽으며 '쓸데없는 시간'의 필요성을 떠올려 본다. 이번에는 반드시 시간을 쓸데없이 써보리라 다짐해 본다. 쓸데없이 시간을 쓰기 위해 애써야 하다니. 쓸데없는 시간을 소중하게 즐기는 법을 배우지 못한 옛날 사람의 한계다.

그 녀석은 가르쳐 준다.
보물이란 깨닫는 거라고…

そいつは教えてくれる。
宝物って気付くものだと…

닌텐도 스위치 〈포켓몬스터 스칼렛·바이올렛〉 TV 광고 (2022)

진짜로 소중한 것은 보이지 않는대

인류 역사를 통틀어 수많은 이들이 '우리 삶에 진정으로 소중한 것'에 대한 명언을 남겼다. 그중 가장 유명한 것은 철학자나 종교 지도자가 아닌 동물(!)이 남긴 것이다.

> "비밀을 알려 줄게. 마음으로 봐야 제대로 볼 수 있어.
> 소중한 것은 눈에 보이지 않으니까.
> (Here is my secret, a very simple secret. It is only with the heart that one can see rightly. What is essential is invisible to the eye.)"

프랑스의 작가 생텍쥐페리의 동화 《어린 왕자》 속 사막 여우가 한 말이다. 1억 4,000만 부 이상이 판매된 20세기 최고의 명저답게 인생에 대한 깊은 통찰이 담겨 있다. 이런 좋은 이야기를 여우만 했을 리가 없다. 유럽에서 가장 큰 교회의 목사님은 이렇게 이야기했다.

> "가장 소중한 것은 언제나 보이지 않는다. 그것들은

언제나 숨겨져 있다.

(The most precious things are always invisible. They are always kept hidden.)”

_선데이 아델라자, 하나님의 대사교회 목사

좋은 말도 설교로 듣는 것보다 오락적 요소가 곁들여지면 부담감이 덜어진다. 같은 이야기를 걸그룹이라면 좀 더 상큼하게 전달할 것이다. 발랄한 안무를 곁들인 노래로 이렇게 가르쳐 준다.

멀리서 널 닮은 바람이 일어 불어와 내게 Hello

진짜로 진짜로 소중한 것은 보이지 않는대

_오마이걸, 〈Windy Day〉

그 밖에도 영화, 소설, 시 등 다양한 예술작품들이 같은 메시지를 다른 화법으로 설파한다. 좋다. 오마이걸까지 나서서 이야기하는데 믿어 보자. 진짜 소중한 것은 보이지 않는다는 것, 인정. 그럼, 광고는 같은 이야기를 어떤 화법으로 전달할까.

내가 본 최고의 답은 닌텐도 스위치의 게임 소프트웨어인 〈포켓몬 스칼렛·바이올렛〉의 TV 광고에 있다. 여러 편의 시리즈로 된 이 광고는 포켓몬 세계에서 온 미스

테리한 남자와 여자 주인공이 만나 함께 지내며 주고받는 이야기로 구성됐다. 세 번째 편에서 두 사람은 동네의 작은 다리를 건너며 대화를 나눈다.

남: 보물이란 뭐라고 생각해요?

여: 어…?

남: 벌써 만나고 있었네요, 보물.

"만남의 수만큼 성장한다"는 선문답 같은 이야기를 더 나누다가 여자의 독백이 조용히 흐른다.

그 녀석은 가르쳐 준다.

보물이란 깨닫는 거라고…

そいつは教えてくれる。

宝物って気付くものだと…

이 광고에 흥미로운 아이디어가 담겼다거나 한 것은 아니다. 남자 주인공이 게임 속 캐릭터처럼 입고 포켓몬 세계에서 왔다는 설정이 독특하긴 하다. 그러나 개인적으로 닌텐도 게임이나 포켓몬에 관심이 없어서 무심하게 광고를 흘려 보고 있었다. 그러다가 이 한마디에 정신이 번쩍 든다. 보물은 깨닫는 것. 그렇구나, 찾는 것이 아니라 깨닫는 것. 신선한 카피라이팅에 뒤통수를 가볍게 맞은 듯한 느낌이다.

눈에 보이지 않는 것이 반드시 존재하지 않는 것을 의미하진 않는다. 보이지 않는 것도 존재는 하고 있다. 존재를 의식하지 못하고 있을 뿐이다. 사랑 같은 감정은 보이지 않는다. 하지만 존재한다. 어린 왕자가 만난 여우의 조언대로 '마음의 눈으로 보거나 느껴야 하는 것'이다.

때로는 소중한 것임을 평소에 인식하지 못하고 있는 것들도 있다. 이것은 물리적인 위치를 확인하는 것이 아니라 '깨달아야' 비로소 찾을 수 있는 것들이다. 말 안 듣고 속 썩이던 아들이, 여행 가서 안 보이고 마음이 휑해지면 그제야 그 녀석이 보물이었음을 깨닫는다. 별일 없던 출근길에 다리를 다쳐 절뚝이거나 깁스 신세를 져야 하면 건강한 다리가 큰 보물이었음을 새삼 깨닫는다. 업무나 육아 등으로 오랫동안 자신의 시간을 잃어버리는 경우가 있다. 여유롭게 커피를 마시며 책장을 넘기던 30분, 별거 아니던 그 시간이 그토록 소중한 보물이었음을 깨닫는다.

왜 무슨 일이 생기고 나서야 그 사람이, 그 시간이 보물이었음을 뒤늦게 깨닫는 걸까. 눈에 보이지 않거나 너무 가까이에 있는 것의 소중함을 알아채지 못하는 스스로를 자책하다가도 잔머리를 굴려 스스로를 합리화해 본다. 누구나 그렇게 쉽게 알아챌 수 없으니까 그게 보물이 아니겠냐고, 소중한 것이 아니겠냐고. 진작 알았으면 내가 사무실이 아니라 절이나 철학관에 들어가 있었겠지.

3장

성장을 꿈꾸게 하는 한 줄

긴장은
진심인 사람 곁에 찾아온다.

緊張は
本気の人のもとにやってくる。

모리나가 제과 인제리 TV 광고 (2019)

긴장을
에너지로 쓰려면

원래 긴장을 많이 하는 편이다. 잘하고 싶은 욕심은 많은데, 걱정은 더 많아서 그런 듯하다. 학창 시절과 사회 초년생 시절엔 새로운 환경과 도전 앞에서 큰 부담감을 이기기 위해 늘 애써야 했다.

크게 긴장했던 최초의 기억을 더듬어 보면 7살 때, 태권도 대회로까지 거슬러 올라간다. 처음으로 시 단위의 대회에 내보내졌다. 다른 도장의 어린이와 겨루기를 했다. 7살짜리 아이에게 처음 보는 누군가와 맞서 싸워야 한다는 것이 주는 중압감은 엄청난 것이었다.

학생 시절 긴장의 끝판왕은 역시 대입 학력고사였다. 지금의 입시제도와 달리, 선지원을 한 학교에 학생들이 모여 단판의 시험으로 합격자를 가려내던 때다. 한 번의 실수로 인생이 바뀔 수 있다는 압박은, 지금 생각해도 청소년에게 너무 과했다.

대학교 4학년 2학기 때의 첫 회사 면접도 떠오른다. 워낙 동경하던 회사의 면접이라 꼭 붙고 싶은 마음이 간

절했다. 어찌나 긴장했는지, 면접장에 가는 길에 지하철 환승역을 두 번이나 지나쳤다. 다행히 늦지는 않았다. 2차 면접이 끝난 후, 긴장이 풀어지며 갑자기 닥친 복통으로 압구정역 플랫폼 벤치에서 배를 부여잡고 30분 정도 고통스러워했다. 이 회사는 최종에서 떨어졌다.

사회생활이 시작된 이후에도 수많은 상황에 뒤따르는 초조한 기분과 싸워야 했다. 시간과 경험이 쌓이면서 어느 정도 여유가 생겼지만, 긴장에 대한 관점은 같은 것이었다. 맞서 이겨내야 하는 것, 극복해야 하는 과제였다.

그런데 우연히 발견한 한 광고 영상이 긴장에 대한 새로운 생각을 갖게 한다. 2019년에 온에어된 인제리(inゼリー)의 TV 광고다. 인제리는 모리나가제과(森永製菓)가 판매하는 에너지 음료다. 모리나가제과는 수험생들을 응원하는 메시지를 담아 '시험엔 인제리'라는 캠페인을 펼쳐 왔다. 최근까지 "긴장을 에너지로"라는 카피를 살린 광고를 제작하고 집행해 왔다.

시험을 보기 위해 교실에 앉아 있는 한 학생에게 '긴장'을 상징하는 정체불명의 물체가 붙어 있다. 빨간색의 바이러스 같은 모양을 하고 있지만 그다지 위협적으로 보이지 않는다. 명랑 만화처럼 표현한 얼굴도 그렇고, 왠지 학생을 격려해 주는 듯 어깨에 손을 올린 모습이 그렇다.

시험이 시작되기 직전, 학생은 지금까지 준비해 온 지

난한 과정을 떠올린다. 열심히 노력하던 매 순간 자신을 지켜보던 빨간 물체가 등장한다. 늘 긴장을 달고 살았던 그 시간을 의미하는 것 같다. 시험이 시작되기 직전, 빨간 물체가 학생에게 에너지 음료를 준다. 음료를 마시고 시험에 돌입하는 학생의 모습 위로 내레이션이 흐른다.

이 긴장을, 에너지로.

その緊張を、エネルギーに。

긴장을 에너지로? '긴장을 이겨내자'가 아니고? 광고의 바디 카피를 보면 이 슬로건에 담긴 생각에 고개를 끄덕이게 된다.

긴장,

그 녀석은 소중한 날에 오는 방해자로 생각되지만

그 녀석은 알고 있다.

네가 싸운 날들을

너의 강한 마음을

그래, 그 녀석은 진심인 사람 곁에 찾아온다.

감탄하지 않을 수 없다. 긴장에 대한 관점을 바꾸니 완전히 새로운 시야가 눈에 들어 온다. 긴장은 박멸해야 할 나쁜 것, 극복해야 할 대상이 아니라는 생각. 최선을 다해 진심으로 준비한 사람에게 찾아오는 당연한 것이란 생각. 신선하다. 이렇게 시각을 바꾸니 긴장을 없애기 위해서 몸부림칠 필요가 없어진다. 받아들이면 된다. 인정하면 된다. 이제 긴장감은 내가 제대로 노력했다는 증거가 된다. 내가 잘해 왔구나. 그렇게 나를 믿으면 되는구나.

TV 예능 프로그램이나 운동선수의 인터뷰 등에서 "긴장하지 말고 즐기겠다"는 말을 곧잘 듣는다. 웬만한 경험을 쌓지 않고는 할 수 없는 일이다. 사실 긴장하지 말라고 말한다고 긴장하지 않을 수 있나. 쉽게 즐길 수 있나. 그런데, 긴장을 내 곁에 온 친구처럼 생각하면 왠지 해낼 수 있을 것 같다. 열심히 하지 않아 맞이한 '걱정'이 아니라, 최선을 다한 나에게 찾아온 '긴장'이라면 에너지로 쓸 수 있을 것 같다.

앞으로 나에게도 긴장의 순간들이 더 찾아오겠지만, 이제 한참 고등학생인 아들에게는 수없이 많이 찾아올 것이다. 시험, 입대, 입사, 발표 같은 부담되는 상황에 서게 될 아들에게 정말 이 광고의 카피를 그대로 얘기해 주고 싶다.

"긴장은 네가 진심으로 최선을 다했기에 찾아오는 거

래. 네가 열심히 잘해 와서 그런 거래. 실패해도 괜찮아. 그 녀석을 너의 에너지로 만들어서 같이 놀아 봐!"

이 경험은, 평생의 것.

この経験は、 一生もの。

맥도날드 아르바이트 모집 포스터(2020)

짜장면 배달에 김치가 빠지면 생기는 일

학생 시절 제법 많은 아르바이트를 했다. 만화 연재, 일러스트 작업, 과외교사, 식당 서빙, 사무보조, 음식 배달 등 분야도 다양했다. 며칠짜리 일도 있었고, 몇 년간 지속한 것도 있었다. 가장 인상적인 경험은 2학년을 마치고 휴학 중에 중국 음식점에서 겪은 것이었다. 고척동의 한 공구상가에서 점심 피크타임 때 배달을 하고, 그릇을 수거하는 일이었다.

2년간 내가 대학생이라고 특별한 대우를 받는다고 생각해 본 적은 없었다. 그러나 내 손에 교과서 대신 배달통이 쥐어지는 순간 나는 완벽하게 다른 존재가 되어버렸다. 누군가는 나를 배달원이라고 불렀고, 철가방이라고도 했다. 심지어 짱깨라고 부르는 사람도 있었다. 배달원을 함부로 낮춰 보고 대하는 사람들이 많은 시절이었다.

배달하면서 반말을 하거나 매너 없는 사람들을 대하는 것은 어렵지 않았다. 오히려 배달이 끝난 후가 힘들었다. 가게 이름이 프린트된 스티커를 상가 내 사무실을 돌며 배포하는 게 곤욕이었다. 노크를 하고 사무실에 들어갈 때마다 나를 쏘아보던 짜증 난 눈빛, 벌레를 보는 듯 찡그린 얼굴들을 감내하는 것이 힘들었다. 학생이란 신분일 때 받아본 적 없는 시선을 어떻게 받아들여야 할지 몰랐다.

배달을 시작한 지 얼마 안 된 날, 결정적인 사건이 벌어졌다. 가게에서 조금 멀리 떨어진 어느 사무실에 짜장면 한 그릇을 배달하러 갔을 때였다. 짜장면과 단무지, 양파, 춘장을 내려놓고 가려는데 50대 후반쯤이었던 아저씨가 나를 불러 세웠다.

"야, 김치는?"

"아, 네. 김치는 밥 종류에만 나오는데요. 면 종류는 단무지만…"

배달 일을 시작하면서 배운 대로 이야기를 했다. 그런데 갑자기 아저씨가 폭발한 것이다. "뭐? 어디서 말대꾸야, 짜장면이나 배달하는 주제에! 예전에는 가져다줬다고!" 아저씨는 식당으로 전화를 걸었다. '왜 김치를 안 가져다줬냐'부터 '배달하는 녀석이 건방지게 말대꾸를 했다'는 컴플레인까지 쏟아부었다. "돌아가, 이 새끼야." 주인 아주머니가 김치를 가지고 출발한다는 이야기를 수화기 너머로 듣고는 아저씨의 욕설을 뒤로 한 채 사무실에서 나왔다. 억울한 마음과 가게에 폐를 끼쳐서 혼날지도 모르는 두려움을 안고 가게로 돌아오는 길에 주인 아주머니를 만났다. 한 소리 들을까 봐 쭈뼛거리고 있는데, 아주머니는 나를 오히려 두둔해 주셨다. "괜찮아, 너 잘못한 거 없으니까 신경 쓰지 마. 짜장면 배달하는 사람을 뭘로 보는 거야?"

너그러운 주인 덕분에 그날은 별일 없이 넘어갔지만, 꽤 오랫동안 나는 커다란 질문 앞에 놓였다. 학생이라는 신분의 보호막 하나만 거둬 내면, 어디서나 함부로 대해질 수 있는 나는 어떤 존재인가. 극단적으로 무례한 고객에게 당한 흔치 않은 일이었지만, 내가 학생으로서 얼마나 많이 보호받고, 대우를 받고 살아왔는지 뼈저리게 느끼는 기회가 됐다.

트라우마이자 좋은 경험이 됐던, 그 사건을 오랜만에 기억에서 끄집어내게 한 것은 맥도날드의 아르바이트 모집 광고 카피다. 판매, 배달을 비롯해 여러 가지 업무를 하는 사람들의 평범한 이미지 위에 헤드라인이 눈에 먼저 들어온다.

첫 아르바이트는 맥도날드였습니다.

이어지는 본문의 바디 카피에 나오는 것은 시급과 근무조건이 아니다. 맥도날드에서 일하며 경험한 것을 아르바이트생의 시선으로 담담히 말해 준다.

처음으로 모르는 사람에게 미소를 보낸 것도

처음으로 가족 이외의 어른에게 칭찬받은 것도

처음으로 세대를 초월한 동료가 생긴 것도

처음으로 일한 맥도날드였다.

그때 손에 넣었던 것들은 지금도 살아 있다.

이 경험은, 평생의 것.

この経験は、一生もの。

이 카피를 읽으면서 중국집 배달 일 외에도 경험했던 많은 아르바이트들이 생각났다. 다른 일들도 단순히 돈만 벌고 끝나는 일은 없었다. 본격적인 사회 진출에 앞서 세상의 단맛과 쓴맛을 알려 준 일종의 맛보기 세션이 됐다.

처음 맡은 과외는 누군가에게 대가를 받는 것의 엄중함을 가르쳐 줬다. 친구의 소개로 같은 동네의 중학생을 맡아서 가르쳤다. 학생의 어머니는 젠틀하고 매너가 좋으셨다. 학생도 비교적 진지하게 잘 따라와 줬다. 다행히 성적이 올랐지만, 성적표가 나올 때까지 늘 전전긍긍했다. 돈을 받고 한 일에 걸맞는 결과를 내야 한다는 부담이 갓 20살이 된 학생에게는 태산처럼 느껴졌다.

점심시간에 폭발적으로 손님이 오는 학교 앞 분식집에서는 주방에서 나오는 음식을 제대로 테이블에 분배할

일 잘하는 사람이 필요했다. 착한 학생, 공부 잘하는 학생 같은 것은 필요 없었다. 학생이라고 관대하게 대해 주는 주인분들도 많았지만 사회는 사회였다.

만화와 삽화 아르바이트는 데드라인에 맞춰 맡은 일을 끝내는 훈련이 됐다. 학생이라고 봐주면서, 마감이 연기되는 일 같은 건 없었다. 마감이 닥쳤는데 좋은 아이디어가 안 나와도 도망갈 곳이 없었다. 내 그림이 잡지나 신문에 실리는 기쁨도 안겨 줬고, 발주한 잡지사나 신문사가 망해서 원고료를 못 받게 되는 실망스러운 경험도 만들어 줬다.

수많은 고용주와 손님들을 마주한 경험은 강의실과 경제학 교과서에서 배우지 못한 것들을 가르쳐 줬다. 좋은 경험은 좋은 경험대로, 나쁜 경험은 나쁜 경험대로 내 일생의 것이 되었다. 통장에 찍힌 급여만으로 환산할 수 없는 큰 가치가 담긴 것이었다.

처음에,
나이 제한은 없습니다.

初めてに、
年齢制限はありません。

JR 청춘18 티켓 인쇄 광고 (2007)

한계를 두지 않으면 더 놀라운 일도 생긴다

뉴욕의 중국계 이민자 가정에서 태어난 소녀는 피겨스케이팅 선수가 됐다. 그러나 올림픽 국가대표 선발에 실패한 후 운동을 그만둔다. 그녀는 대학 졸업 후 패션잡지의 에디터로 커리어를 시작했다. 17년간 일한 잡지사를 떠나 패션 브랜드에서 짧은 경력을 가졌고, 웨딩드레스 디자이너로 독립을 한 것이 40세. 세계적인 스타들이 사랑한 디자이너이자, 포브스가 선정한 미국에서 가장 부유한 여성 명단에 오른 베라 왕의 시작이었다.

광고 회사에서 20여 년 일을 했던 한 중년 남자가 있다. 대학 시절 만화 동아리에서 활동했던 그는 만화가의 꿈을 접지 않고 40세에 신인 만화 공모에서 수상을 한다. 이후 만화잡지의 '땜빵' 원고용으로 부정기적으로 작품을 그리기 시작했다. 그 만화가 훗날 일본, 한국, 대만 등 아시아권은 물론 프랑스 등 유럽에서도 큰 사랑을 받은 아베 야로의 《심야식당》이다. 이 작품은 여러 시즌의 드라마로 제작되었고, 영화로도 큰 사랑을 받았다.

박완서 작가 역시 가정주부로 지내다 40대에 등단한 이력 때문에 많은 전직 문학소녀들의 롤모델이 되기도 했다. 40대에 새로운 도전을 시작해 성공한 이야기는 조금만 찾아봐도 쏟아져 나온다. 그러다 보니 40대의 도전이 별로 늦은 것처럼 느껴지지 않는다.

평생 가정부와 농장 일을 하던 한 할머니의 이야기는 어떤가. 그녀는 76세가 돼서야 그림을 그리기 시작해 80세에 첫 개인전을 열었다. 92세에 출간한 자서전 제목이 《인생에 너무 늦은 때란 없습니다》이다. 모지스 할머니로 잘 알려진 애나 메리 로버트슨 모지스는 93세에 〈타임(TIME)〉의 표지 인물이 되었고, 100세에는 세계적인 화가로 명성을 떨쳤다. 101세로 세상을 떠나기 전까지 1,600여 편의 작품을 남긴 그녀는 현재까지도 미국인이 가장 사랑하는 화가 중 한 사람으로 꼽힌다. 이쯤 되면 웬만한 나이로는 '뒤늦은 나이에 하는 새로운 도전'이란 말을 얹기가 어려울 정도다. 모지스 할머니의 책 제목처럼 무엇이든 새로 시작하기에 너무 늦은 나이란 없어 보인다.

여기 이런 이야기가 생각나게 하는 광고 카피가 있다.

처음에,

나이 제한은 없습니다.

初めてに、

年齢制限はありません。

2007년에 게재된 JR의 청춘18 티켓 광고다. 청춘18 티켓은 표 한 장으로 5일 동안 신칸센과 급행을 제외한 보통 등급의 열차를 무제한으로 탈 수 있게 한 상품이다. 실제로는 모든 연령의 고객이 다 사용할 수 있지만 청춘 18이라는 컨셉과 네이밍으로 고등학교를 막 졸업하고 대학생, 사회인이 되는 젊은이들을 타깃으로 광고를 집행했다. 그래서 광고 캠페인도 젊은 시절에 세상을 마주하고 여행하는 것이 중요하다는 것을 말해 주는 내용이 많다.

"정해진 룰은 없는 편이 좋다."(1995년)

"자신의 방안에서 인생 따위 생각할 수 있을까."(2002년)

"모험이 부족하면 좋은 어른이 될 수 없어."(2002년)

"어른에게는 좋은 휴가를 가지라는 숙제가 있습니다."(2007년)

"처음 혼자 한 여행을, 사람은 평생 잊지 못한다."(2014년)

JR 청춘18 티켓 광고는 그해에 발표된 우수 광고 카피를 모아서 엮은 카피 연감에 거의 매년 등재되는 명작 시리즈이다. 많은 작품이 한국에도 소개되어, 광고인들이 좋아하는 일본 카피 리스트에 올라 있다. 이 카피가 실린 광고도 이제 막 성인으로 자신의 삶을 걸어갈 청춘들을 응원하며 많은 사랑을 받았다. 지금까지 어떤 길을 걸어왔든, 뭔가를 새로 시작하고 싶다면 용기를 갖고 시작해 보라고, 처음이라는 도전에 적합하지 않은 나이는 없다고 말해 준다.

한참을 지나와 돌아 보면 20대는 무엇을 새로 해도 전혀 늦지 않은 나이다. 하지만 말이 쉽지, 정작 그 나이로 지낼 때는 그런 여유를 갖는 건 쉽지 않다. 진학이나 사회 진출에서 또래보다 1, 2년 늦은 시작이 크게 느껴질 수도 있다. 경쟁을 강요하며 젊은이들의 실패를 넉넉하게 포용해 주지 못하는 일본이나 한국 같은 사회에서 20대들은 조심스러울 수밖에 없다.

30, 40대가 넘어가면 더욱 도전이 두려워진다. 본인 스스로나 가족의 경제적 책임을 져야 하는 부담을 져야 하는 나이라는 생각 때문이다. 그동안 쌓아온 것이 물거품이 될 수도 있다는 압박도 받는다. 성공하지 못했을 때 가지는 위험까지. 모든 것이 쉽지 않은 선택이 된다.

그렇기에 이 짧은 문구는 광고의 핵심 타깃인 청춘들 외에도 모든 나이대의 사람들에게 용기와 힘을 준다. 그저 세간의 기준보다 나이가 많다는 이유만으로 도전을 제한하거나 포기하지 말라고 격려해 준다. 새로운 시작과 결실은 그저 상상 속의 일만은 아니다. 박완서 작가나 모지스 할머니의 이야기는 특별한 사람들만의 것일 수 없다.

스스로를 나이의 한계에 가둬 두지 않으면 더 놀라운 일도 가능하다. 기록에 남아 있는 최고령 소설 등단자는 '로나 페이지'이다. 첫 소설 《위험한 약점》을 출간한 것이 93세다.[9]

노력은, 사람을 배신한다.

努力は、人を裏切る。

노무라그룹 인쇄 광고 (2017)

오마이걸 효정과 미미의 가치관이 부딪혔다

"노력과 결과는 일치하지 않아요."

한참 전 TV의 한 예능프로그램에 걸그룹 오마이걸의 효정이 나와서 한 이야기다. 효정은 연예인들이 킬리만자로 산에 올라가는 경험을 담은 다른 프로그램에 출연했다. 그녀는 '노력과 결과가 일치하지 않는다'는 것을 산에 다녀오면서 알게 됐다고 했다. 해발 5,885m의 산을 오르며 예상치 못한 난관에 부딪히고 어려움을 겪었다고 한다. 그동안 어떤 상황에서도 해맑게 웃는 모습만 보여주던 효정이라, 인생의 쓴맛을 본 듯 관조적인 표정을 짓는 것이 더욱 부각이 됐다. 효정의 팬으로서 안쓰러웠다.

"사람이 완전히 바뀌었네." "산에서 무슨 일이 있었던 거야?" 늘 웃는 얼굴로 열정적으로 촬영에 임하던 효정의 분위기가 달라진 것을 보며, 다른 출연자들이 한마디씩 거들었다. 그때 뭔가 이해할 수 없다는 표정으로 또 다른 출연자, 오마이걸의 래퍼 미미가 던지는 한마디.

"아닌데… 일치하는데…" 미미 특유의 어눌한 발음을 자막으로 보여 준 뒤, '믿었던 노력의 배신'이라는 위트 있는 설명 자막이 이어지며 출연자들이 폭소를 한다. 효정의 팬인 나와 미미의 팬인 아내도 함께 웃었다. 잠깐의 웃음을 준 예능 프로그램의 한 에피소드였지만, 서로 다른 인생관의 대립을 보여 주는 장면이라 여운이 오래 남았다. 그 웃음 끝에 나에게도 한 가지 질문이 남겨졌다. 효정의 깨달음처럼 노력과 결과는 일치하지 않는 걸까? 미미의 믿음처럼 일치하는 걸까.

이 질문에 대해 광고는 어떤 대답을 가지고 있을까. 여기 이 두 가지 다른 관점을 헤드라인으로 쓴 광고들이 있다. 우선 첫 번째 광고는 2007년에 나온 것이다.

혼이 담긴 노력은 결코 배신하지 않는다.

KB국민은행이 "대한민국 1등을 넘어!"라는 슬로건과 함께 내건 인쇄 광고 카피다. 이 광고가 나온 2007년은 모든 대기업이 '글로벌화'를 외치던 시기였다. 대한민국 최고의 야구선수 이승엽이 대한민국 1등을 찍고, 일본으로 건너가 활동하던 때이다. 광고 콘셉트에 딱 맞는 모델이 아닐 수 없다.

이승엽은 출중한 실력과 역대급 홈런 기록으로 소속팀이었던 삼성의 팬들뿐 아니라 온 국민이 사랑했던 스타 선수다. 특히, 국제 대회에서의 결정적 활약으로 '국민 타자'라는 수식어가 붙어 있다. 그 인기를 보여 주듯이 그의 좌우명도 언론을 통해 많이 알려졌으니 그것이 바로 광고 카피로 쓰인 바로 그 문구이다. 기사나 자료에 따라서는 '진정한 노력은 절대 배신하지 않는다'로 나오기도 한다. 그의 천재적 실력을 더욱 돋보이게 하는 그 좌우명이 그대로 광고의 헤드라인이 되었다.

이 무렵에 나온 KB국민은행의 TV 광고는 15초 내내 이승엽의 타격 연습 장면만 보여 준다. 혼을 다한 노력이 바로 이승엽의 정체성이다. 엄청난 노력으로 자신의 재능을 꽃피워 국민적 영웅이 된 이승엽의 좌우명이니 설득력 200%의 카피이다. 누구라도 고개를 가로저을 수 없다. 최소한 대한민국에서는. 그런데, 여기 이승엽의 명언급 좌우명을 정면에서 부정하는 헤드라인의 광고가 눈길을 끈다.

노력은, 사람을 배신한다.

努力は、人を裏切る。

뭐라? 우리의 영웅이 '노력은 배신하지 않는다'고 했는데? 노력은 사람을 배신한다고? 그럼 우리가 노력을 왜

하는데?

일본 최대의 증권회사인 노무라(野村)증권이 속해 있는 노무라 그룹의 인쇄 광고이다. 일본의 골프 천재 마쓰야마 히데키 선수를 모델로 한 광고 시리즈 중 한 편이다. 노무라증권은 마쓰야마 히데키 선수 공식 후원사 중 하나다. 그는 2021년 아시아인 최초로 PGA 마스터스에서 우승했고, 2022년에는 소니 오픈에서 우승함으로써 한국의 최경주 선수가 가지고 있던 PGA 아시아인 최다 우승 기록을 깬 일본의 국민 골퍼다. 2022년 11월 현재 세계랭킹 19위에 올라 있다.

이 광고는 2017년에 게재된 것이다. 미래의 일본 국민 골퍼를 앞세워 한국 국민타자의 좌우명을 반박하는 모양새가 됐다. 무슨 의미로 노력은 배신한다고 이야기하는 걸까. '인생은 한 방이다' 식의 이야기를 하지는 않을 텐데. 바디 카피를 읽어 보면 고개를 끄덕이게 된다.

노력은 사람을 배신한다.

항상 노력이 보답을 받는다면

가장 많이 연습한 사람이 정상이 돼야 한다.

하지만 승부의 세계는 다르다.

무수한 실패와 불운은 운동선수들이 가야 할 길을

잃어버리게 만든다.

그래도 그의 다음 1보는 훈련이다.

그는 말한다. 마지막에 자신을 믿을 수 있느냐에 따라

승부는 결정된다고. 그걸 만드는 건 연습밖에 없다고.

오늘도 그의 노력은 끝없이 쌓여 간다.

노력이 사람을 배신한다는 것은, 때론 노력한 만큼 결과가 따르지 않을 수도 있다는 이야기다. 어쩌면 그것이 진짜 인생이다. 가장 노력을 많이 하고 연습을 많이 한 선수가 1등을 하는 것이 아니다. 학교에서도 공부를 가장 많이 했다고 1등을 하는 것이 아니다. 회사에서도 노력을 많이 하고 성과를 낸 직원이 늘 먼저 승진하는 것도 아니다. 업계에서 노력을 가장 많이 한 회사가 언제나 살아남는 것도 아니다.

인생의 경주엔 수많은 변수와 불운이 함께 섞여 있다. 그런데 역설적이게도 이를 극복하는 방법은 노력뿐이라고 말한다. 요행이나 한방을 기다리는 이에게 다른 기회는 없다. 노력만이 가능성을 높일 뿐이다. 이겨낼 수 없는 변수들마저도 연습을 통한 자신감으로 이겨 나가야 한다. 결국, 노력밖에 길이 없다는 이승엽의 생각과 같은 이야기가 된다.

노무라그룹의 이 광고 카피는 영리한 전략으로 독자를 자신의 편으로 만든다. 당연한 명제 혹은 믿음을 정면으로 반박하는 헤드라인으로 먼저 눈길을 사로잡는다. 그리고는 후속 카피로 반전을 만들어 역설적인 주장에 힘을 보탠다. 헤드라인의 낚시질에 기분이 상하지 않는 것은 바디 카피의 메시지가 충분히 마음에 와닿기 때문이다. 상투적인 '천재의 노력 타령'에 그치지 않고, 공감할 만한 인생의 통찰을 던져 주기 때문이다.

자, 변해 가는 자신을 즐기자.

さあ、変わっていく自分を楽しもう。

유캔 Web영상 광고 (2022)

40대는 외국어 학원에 다니면 안 된다고?

10년 전쯤 '40대 아저씨가 하지 말아야 할 것들'이란 리스트가 유행했다.

멘토 놀이하지 마라.
→ 네 할 일이나 잘해라.
가족에게 올인하지 마라.
→ 가족도 당신에게 올인하지 않는다.
20대를 야단치지 마라.
→ 조언은 해 주되 조롱은 하지 마라.
소녀시대도 제발 잊어라.
→ 아저씨 소원은 안 들어준다.

그 밖의 많은 조언이 뼈 때리는 통찰이란 평가와 함께 SNS 등을 통해 전파됐다. 대체로 고개를 끄덕일 법한 20~30여 개의 항목들이 리스트에 포함되어 있었다. 그런데 유독 동의할 수 없는 항목이 하나 있었다.

이제 와서 외국어 학원 다니지 마라.

→ 이제 외국어 하는 사람을 부려야 하는 나이다.

글쎄, 우선 40대가 외국어 하는 사람을 부려야 하는 나이인지부터 의문이다. 외국어를 할 줄 아는 사람을 부릴 수 있는 40대가 얼마나 될까 모르겠다. 설령 그렇다고 하더라도, 왜 40대가 외국어를 공부하면 안 되는 걸까? 외국어를 잘하는 젊은이를 부릴 수 있으면 외국어 공부를 할 필요가 없는 걸까? 김대중 전 대통령은 주변에 부릴 외국어 인재가 없어 48세에 감옥에서 영어 공부를 시작한 것일까.

굳이 이해하려고 마음을 먹으면, 그 취지를 이해 못 할 정도로 꽉 막힌 사람은 아니다. 그러나 이 어긋난 조언의 시작점에 깔린 전제를 녹록히 동의할 수 없다. 공부는 '배운 것을 활용해 무언가를 얻어내기 위한' 것이라는 생각이 있기 때문이리라. 물론 우리는 대체로 무언가 얻어내기 위한 실용적인 목적을 가지고 공부한다. 취직을 위해, 업무에 도움이 되기 위해, 승진을 위해, 사업의 성공을 위해, 돈을 많이 벌기 위해 공부한다. 하지만 그게 전부는 아니란 것을 우리는 안다.

많은 사람은 '배우는 것' 자체의 행복을 위해 배운다. 배우는 것을 통해 기쁨을 얻고, 배우는 것을 통해 살아

있음을 확인한다. 배움 자체의 순수한 즐거움을 모르면, 40대가 되면 외국어 학원에 다니지 말라는 용감한 조언을 하게 된다.

배움의 본질을 통신교육기업 유캔(ユーキャン)의 광고가 오히려 명확하게 보여 준다. 유캔은 법률, 비즈니스, 미용, 디자인, IT 등 '배워서 써먹을 만한' 강의들로 가득 차 있다. 그런데 광고의 문구는 배워 써먹자가 아니다.

자, 변해 가는 자신을 즐기자.

さあ、変わっていく自分を楽しもう。

광고의 모델은 일본의 배우 안이다. 본명은 와타나베 안. 〈하나사키 마이가 잠자코 있지 않아〉, 〈일본 침몰〉, 〈경쟁의 파수꾼〉 등으로 일본 드라마 팬들에게 낯익은 얼굴이다. 연기파 배우 와타나베 켄의 딸로 유명하다. 〈트랜스포머〉, 〈고질라〉, 〈인셉션〉 등으로 유명한 바로 그 배우.

TV 광고에서 모델 안은 바닷가에서 기타를 치며 노래를 부른다. 일본의 밴드 '미스터 칠드런'의 노래 〈花 -Memento-Mori-〉 가사의 일부분이다.

지지 않도록, 시들지 않도록

웃고 피는 꽃이 되겠지.
문득 스스로에게 흔들릴 때
바람을 모아 하늘에 날려요.

이 노래가 흐르는 가운데 영상 속에는 자신의 생활에 충실한 가운데 어렵게 시간을 내 공부하는 사람들의 모습이 인서트된다. 그 모습 위로 "언젠가 꽃을 피우기 위해 올해 무언가 배움을 시작하지 않겠습니까?"라는 내레이션이 흐른다.

한때 배움의 기회를 놓쳤다거나, 새로운 시작을 위해 찾는 것이 통신교육 수요자의 일반적 특성이다. 여기서 피우려는 '꽃'이 새로운 사업의 기회일 수도, 새로운 취업 자리일 수 있다. 그럼에도 이 광고 속 마지막 카피의 목적지는 '변해가는 나 자신'이다.

많은 경우 '배워서 잘 써먹는 것'이 궁극적인 목표가 된다. 결과가 그러하더라도, 배움이 의미를 갖는 것은 배움 자체에 있다. 배움이 행복하기 때문이다. 배움을 통해 우리가 배우기 전과는 다른 사람이 되기 때문이다. 배움을 통해 새로운 세상이 열리고, 그 설렘 속에서 도전하고 성취할 수 있는 자신감이 생기기 때문이다. 그 순수한 희열을 외면하며 던지는 '40대 외국어 수강 불가론'은 조언이 아니라 성공한 꼰대가 던지는 막말이 될 수도 있다. 순순히 고개를 끄덕여 줄 수 없다.

이 글을 쓰기 위해 10년 전의 리스트를 다시 읽어보니 전반적인 업데이트가 필요해 보인다. 일단 하나만 고쳐본다.

10년 전: 이제 와서 외국어 학원 다니지 마라.

→ 이제 외국어 하는 사람을 부려야 하는 나이다.

지금: 외국어 학원 다녀도 된다.

→ '변화하는 나'를 즐기기에 충분한 나이다.

나는
분명
상상 이상이다.

自分は、
きっと
想像以上だ。

포카리스웨트 포스터 (2018)

한계에 맞닥뜨릴 모두를 위한 처방

20여 년 전, 광고대행사 4년 차 때였다. 대형 경쟁 PT에서 프레젠터를 맡게 됐다. 전략 부분은 기획팀의 부장급이 발표를 하고, 나는 제작팀을 대표해서 TV 광고안 설명을 하기로 했다. 기존 광고주 앞에서 시안 설명을 한 적은 있었지만, 경쟁 PT의 프레젠터는 처음이라 큰 부담이 됐다. 특히나 대형 광고주 영입을 위한 경쟁이었기에 더욱 큰 압박감을 느낄 수밖에 없었다.

멋지게 프레젠팅하는 선배들을 동경하며 언젠가 나도 저 자리에 서고 싶다는 생각을 했지만, 이렇게 빨리 기회가 올지는 몰랐다. 아, 아직 난 준비가 안 됐는데…. 발표자로 낙점을 받은 후 프레젠테이션 날까지 무시무시한 긴장감에 사로잡혔다. 발표할 문안을 써서 외워 보기도 하고 여러 번 연습을 했지만 자신이 없었다. 편히 발 뻗고 잘 수도 없었다.

PT 당일이 됐다. 정말 온몸이 녹아 없어질 것만 같았다. 그날 회사 승합차를 타고 출발하던 장면, 발표할 건물 주변의 풍경, 주차장 모습까지 기억이 나는데, 발표장에서의 기억이 완전히 삭제되어 있다. 그만큼 긴장감이 컸다. 아마 광고 회사 생활을 통틀어 가장 크게 긴장한 날이었던 것 같다. 혹시 충격적인 실수가 있어서 두뇌의 자기 보호 메커니즘이 기억을 없애버린 것이면 어떡하나 염려한 적도 있다. 다행히 그건 아닌 것 같다. 내 발표가 나쁘지는 않았다고 선배들이 격려해 줬고, 이후에도 곧잘 프레젠터가 맡겨졌다.

발표 횟수가 늘면서 긴장감은 적응됐지만 프레젠테이션에서 위축되는 것을 피하지는 못했다. 실수하면 어떡하지? 컨셉이 틀렸으면 어떡하지? 아이디어가 별로라고 생각하면 어떡하지? 발표의 허점을 찌르는 질문이 나오면 어떡하지? 그러다가 어느 선배의 조언을 들은 후로는 자신감을 갖게 됐다.

"발표 직전까지는 우리가 준비한 것을 계속 의심해 보는 게 맞아. 그런데, 일단 발표를 시작하면 이렇게 생각해. 무조건 내가 제일이다! 내가 준비한 게 정답이다! 다른 사람들은 아무것도 모른다! 내가 한 수 가르쳐 주마!"

피식 웃음이 나올 만큼 별거 아닌 조언이었는데, 실제로 효과가 있었다. 발표를 앞두고는 스스로 내가 제일이라고 여러 번 되뇐다. 심호흡을 크게 하고 나서 가슴을 한 번 친 뒤, 고개를 빳빳이 든다. 그리고 문을 열고 들어가면 괜히 용기가 생겼다. 알 수 없는 힘이 나왔다. 자신 있게 발표를 하고 예상치 못한 질문에도 여유롭게 대응할 수 있었다. 물론 경험이 쌓인 후로는 굳이 그런 세레모니를 하지 않아도 되는 프레젠터가 됐다.

한 포스터에 적힌 카피를 볼 때마다 잔뜩 '쫄은' 주제에 스스로에게 억지로 용기를 불어넣던 초짜 프레젠터 시절이 생각나 괜히 웃음이 난다. 2018년에 나온 포카리스웨트 포스터다. 결연한 얼굴로 어딘가를 응시하는 소녀의 모습에 심플하게 얹어진 카피 한 줄이 인상적이다.

나는

분명

상상 이상이다.

自分は、

きっと

想像以上だ。

한국의 포카리스웨트 광고는 오랫동안 20대 초중반의 순수한 이미지의 젊은 여성 모델을 기용해 왔다. 특유의 배경음악 멜로디와 함께 바닷가를 달리는 흰옷의 소녀가 머리에 떠오른다. 이와 달리, 일본의 포카리스웨트는 청소년들의 잠재력을 응원하는 캠페인을 펼쳐 왔다. 주로 교복을 입은 10대 학생이 등장한다. 여러 학생이 군무를 춘다거나, 한 학생이 더 큰 가능성을 향해 전진하는 이미지를 여러 가지 크리에이티브를 통해 보여 줬다.

이 카피가 적혀 있는 포스터가 여러 종류가 있는데, 한 소녀의 모습 혹은 여러 학생의 모습이 담겨 있다. 모두 한국 포카리스웨트 스타일의 순수함과는 거리가 있다. 자신에 대한 믿음이 담긴 표정들이다. 그렇기에 '나는 분명 상상 이상'이라는 카피와 딱 맞아떨어진다. 이 메시지는 불투명한 미래 앞에 선 10대들에게 말한다. 너는 네가 생각하는 것 이상으로 가능성이 큰 사람이라고. 자신감을 가져도 된다고.

그런데 스스로 상상 이상이라고 되뇌며 힘을 내는 것은 청소년들에게만 필요한 것이 아니다. 발표의 중압감에 시달리는 회사원, 휘슬을 기다리는 운동선수, 오디션 무대로 오르기 직전의 가수 지망생에게도 필요할 수 있다. 나이와 상황에 상관없이 자신의 한계에 맞닥뜨릴 모든 사람에게 효과 있는 처방이 될 것이다.

어제 아침 주간 업무 회의를 너무 무겁게 해서 직원들에게 필요 이상의 걱정을 안긴 것 같아 마음이 불편하다. 그래도 괜한 이야기를 추가하며 수습하려 하지 말고 자연스럽게 넘어가야겠다. 다음 회의에서 느닷없이 "여러분 걱정하지 마세요, 우리는 분명 상상 이상입니다!"라고 이야기하면 직원들이 더 걱정하겠지?

일상을 바꾼다.
그것이 가장
인생을 바꾼다.

ふだんを変える。
それがいちばん
人生を変える。

혼다 그린머신 캠페인 인쇄 광고 (2010)

내가 인생을 바꾸지 못한 이유

로또 1등 당첨 확률은 약 800만분의 1. 사람이 번개에 맞을 확률 60만분의 1보다 무려 13배 이상 어려운 일이다. 그만큼 그 '1'이 차지하는 행운은 거대하다. 사람들은 로또로 인생을 바꾸려고 했다. 로또 시행 초기, 400억 원의 당첨자가 나오면서 그 행운을 차지하기 위한 행렬에 사람들은 열광적으로 동참했다. '로또'라고 쓰고 '인생을 바꾼다'로 해석했다.

하지만 거액의 행운을 거머쥔 당첨자 중 상당수가 거액을 탕진하거나 가정불화에 시달리며 불행의 늪에 빠져들었다. 살인사건에 휘말린 경우도 보도됐다. 게다가 사행성 논란이 커지면서 로또의 당첨금 수준이 현저히 낮아졌다. 로또는 인생을 바꾸는 매혹적인 방법이 되지 못한 지 오래다.

유튜버가 되는 방법은 어떤가. 최근 가장 주목받는 인생 개조법 중 하나다. 회사원들의 2대 입버릇이 '나 퇴사할래'와 '나 유튜브 할래'란다. 그럴 만하다. 언론보도에 따르면, 2022년 한국의 유튜버 중 수입 1위(연예인이나 셀럽 제외)는 게임 채널 계향쓰(GH'S)이며 추정 연 소득은 52억 원 정도라고 한다. 영상 제작 외의 부대 수입까지 생각하면 순위에 오른 유튜버들은 천문학적인 소득이 예상된다.[10]

그러나 명(明)이 강할수록 암(暗)도 짙다. 대부분의 채널은 수익화를 시작조차 하지 못한다. 수익화가 된 채널도 지속하기가 어렵다. 운영하던 채널이 잘 되자 회사를 그만두고 전업을 시도했다가 포기하는 사례들도 널렸다. 그러면서 손쉽게 다른 채널을 베끼는 방법으로 돈을 번 유튜버도 생겼다. 아쉽겠지만 이 방법도 진작에 끝났다. 2023년 2월 중순, 자신의 콘텐츠를 도용당한 한 유튜버가 도둑질로 돈을 번 채널들을 폭로하면서, 유튜브 채널 '신사임당'으로 인기를 모았던 주언규 PD가 공공의 적이 되는 사태가 터졌다. 그가 진행했던 유튜브 운영 교육과 사업이 그 일과 연루된 것이다. 주언규 PD는 해당 사업을 접고 일정 기간 자숙에 들어갔다. 유튜브로도 인생을 바꾸기 쉽지 않다.

인생을 바꾸는 법을 조언해 주는 광고는 없을까? 10여 년 전에 나온 혼다의 '그린머신' 캠페인 신문 광고가 힌트를 준다. 2008년에 시작한 이 캠페인은 환경 보호와 자동차의 즐거움을 모두 추구하겠다는 의지를 담고 있다. TV 광고, 신문 광고와 각종 프로모션 등을 통해 대대적으로 홍보를 전개한 친환경 캠페인이다. 다음 문구는 그중 한 인쇄 광고에 담긴 카피다.

일상을 바꾼다.

그것이 가장

인생을 바꾼다.

ふだんを変える。

それがいちばん

人生を変える。

많은 이들은 자신의 인생이 드라마틱하게 바뀌기를 원하지만, 우리 삶은 그렇게 쉽게 바뀌지 않는다. 일상이 쌓여서 인생이 된다는 교과서적인 대답 외에 지름길은 쉽게 발견되지 않는다. 지름길인 줄 알았던 것이 실상은 엄청난 대가를 치르고 가야 하는 험난한 우회로가 되는 경우는 너무나 많다. '쉽게 돈 버는 법'이나 '쉽게 성공하는 법' 같은 종류의 책이나 콘텐츠는 가급적 손대지 않는 편이 좋다. 차라리 인생을 바꾸려 하지 말고 자신의 기준과 속도를 즐기는 편이 나을지 모른다. 진짜 성공한 사람들이 이야기하는 인생을 바꾸는 법은 의외로 별거 없다. 조금

일찍 일어나라. 아침 식사를 해라. 운동해라. 청소해라. 물을 더 마셔라. 메모해라.

성공한 이들은 평범하고 지루해도 결국 일상의 작은 것을 바꿔 인생의 진로에 1도라도 변화를 주라고 한다. 그리고 그것이 꾸준히 지속되면 언젠가는 그 1도의 차이가 엄청난 좌표의 변화를 준다는 것. 같은 곳에서 출발한 두 비행기의 행로가 1도 차이가 나면 하나는 미국 뉴욕으로, 다른 하나는 브라질 상파울루로 간다는 유명한 이야기도 있다.

인생을 제대로 바꾸는 방법에 대해서는 2017년에 게재된 일본의 수험 전문학원인 카와이학원의 광고 카피를 참고하는 것도 좋다. 그저 시험 성적을 올리는 방법을 말하는 문구가 아니다. 인생에 적용될 무게 있는 조언이다.

어제의 나를

오늘 조금 뛰어넘는다.

모든 꿈은 반드시

그 반복으로 이루어진다.

昨日の自分を

今日、少し越える。

すべての夢は、きっと

その繰り返しで叶う。

사실 내 앞가림도 벅찬데, 누군가에게 '인생 바꾸는 법'을 논한다는 것이 민망하다. 내 지난 온 궤적을 돌아보니 성공하지 못한 일들이 하나둘 떠오른다. 시도조차 못한 것도 있다. 시작은 했으나 꾸준히 못한 일도 많다. 그래, 그래서 나도 인생을 바꾸지 못했었지.

똑같지 않으니까 강한 것이다.

同じじゃないから、強いんだ。

미츠비시지쇼 기업 PR TV 광고 (2019)

손흥민이 11명인 축구팀은 강할까?

나는 〈놀라운 토요일〉이란 예능 프로그램을 좋아한다. 매주 토요일 케이블 TV 시청률 3위 안에 꼬박꼬박 드는 인기 프로그램이다. 고정 출연자들과 게스트들이 대중가요의 가사를 받아써 맞추는 것이 이 방송의 뼈대.

고정 출연자 중 샤이니의 '키'를 볼 때마다 감탄한다. 보통 사람들은 따라갈 수 없을 만큼 빠른 리듬의 노래와 랩을 척척 받아 적어 낸다. 놓친 부분이 있으면 영리한 두뇌 회전으로 추리해 내기도 한다. 그야말로 자타공인 프로그램의 '원탑 에이스'이다. 오죽하면 별명이 '키어로(Key+Hero)'다. 어느 날, TV를 보다가 문득 이런 의문이 들었다. 나머지 출연자들도 키 같은 능력자들로 바꿔 채우면 프로그램이 더 재미있어질까?

키의 활약을 샘내며 존재감을 드러내지만 핀잔만 듣는 한해, 똑똑한 듯하지만 엉뚱한 실수를 하는 태연, 늘 바보 취급받으면서도 웃음을 주는 김동현, 하이에나처럼 남의 실수를 틈타 정답을 가로채는 신동엽 등 여러 캐릭터가 섞여 있다. 거기에 분장과 코믹한 춤으로 웃음을 주는 박나래, 90년대 음악의 달인 문세윤, 초식동물처럼 당하기만 하는 넉살까지. 이처럼 각각 다른 출연진들이 투닥이며 만들어가는 이야기가 있기에 사람들이 즐거워하는 것이다.

〈아는 형님〉에 강호동 같은 캐릭터만 7명이 등장하거나, 〈무한도전〉에 유재석 같은 에이스만 6명이 나왔다면 그렇게 인기 있는 프로그램이 되지 못했을 것이다. 상상해보자. 이대호 9명으로 꾸린 야구팀은 어떤 모습일까. 공격은 강력하겠지만 적절한 수비가 제대로 안 되는 불균형의 팀일 것이다. 손흥민 11명으로 꾸린 축구팀도 마찬가지다.

다양한 사람들의 장점과 서로 다른 능력이 합해질 때 가능성이 터져 나온다. 이는 여러 경영학 연구 결과로도 소개된 바 있다. 보스턴 컨설팅 그룹의 2018년 발표에 따르면 경영진의 다양성 수준이 높을수록 더 나은 혁신과 재정적 성과를 낸다고 한다. 인종이나 성별 등의 다양성이 평균보다 높은 기업은 평균 이하의 기업에 비해 수익이 19%, 영업 이익은 9% 높다고 한다. 맥킨지의 연구보고서는 젠더 다양성이 제일 높고, 낮은 기업 간의 성과 차이는 48%까지 나온다고도 한다.[11] 이 외에도 많은 연구가 있다. 다양성이 성과에 미치는 긍정적 역할은 거의 진실의 영역에 가깝다.

2019년에 온에어된 부동산 기업 미츠비시지쇼(菱地所株)의 TV 광고는 바로 이 점을 감성적인 스토리로 바꾸어 말해 주고 있다. 이 광고는 럭비부에 속한 두 소년이 주인공이다. 몸집이 작지만 민첩한 '고지로(小次郎)'와 덩치가 크고 힘이 센 '다이스케(大介)'는 어릴 적부터의 친구이자 경쟁자이다. 아예 작은 친구는 이름에 작을 소(小)자를 넣고, 큰 친구는 큰 대(大)자를 넣어 캐릭터를 명확하게 했다. 두 사람은 함께 성장하며, 같은 고등학교 럭비부로 연습과 시합을 반복하는 가운데 늘 상대방을 의식한다. 고지로는 다이스케의 몸집과 파워가 부럽다. 다이스케는 빠르고 날렵한 고지로가 부럽다. 자신의 특징을 장점이 아닌 콤플렉스로 여긴다.

그러나 결국 두 사람이 팀으로 승리하는 것은 서로의 손을 맞잡을 때이다. 결정적인 시합. 파워풀한 다이스케가 공을 지켜낸 후 고지로에게 건넨다. 고지로는 자신의 스피드로 결정적인 점수를 만들어 낸다. 영상 내내 서로의 장점을 부러워하던 소년들은 결국 깨닫는다. 자기 자신만이 할 수 있는 것이 있음을. 소년들의 독백이 힘차게 울린다.

나 아니면 할 수 없는 것이 있다.

僕にしかできないことがあるんだ。

숨 막힐 듯한 득점의 순간, 단독 자막이 무게감 있게 시청자를 향해 터치다운한다.

똑같지 않으니까 강한 것이다.

同じじゃないから、強いんだ。

다른 누군가가 아니라 오직 '나'이기에 할 수 있는 것이 있다는 생각. 서로가 다르기 때문에 함께하면 오히려 강해진다는 것. 어쩌면 교과서적인 뻔한 스토리가 될 법한 시놉시스이다. 하지만, 감각적인 구성과 서정적인 음악이 어우러지면서 감동을 주는 영상이 되었다. 이 광고는 2019년 세계 럭비 대회 개막에 맞추어 방영되었다.

서로 다르다는 것이 큰 힘이 되는 것은 스포츠의 팀워크 이야기만은 아니다. 합창이나 아카펠라 같은 음악에서도 그러하다. 청아한 소프라노나 테너의 고음만 들릴 때보다, 낮고 중후한 저음이 받쳐줄 때 높은 소리도 더 큰 감동이 된다. 서로 다른 소리들이 어울릴 때 폭풍 같은 화음의 감동은 극대화된다.

내가 몸담고 있는 광고업계도 마찬가지다. 어떤 이는 자유롭고 다른 이는 꼼꼼하다. 어떤 이는 논리적이고 다른 이는 감성적이다. 어떤 이는 예민하고 다른 이는 거침없다. 이렇게 다른 사람들이 모여 자신이 아니면 할 수 없는 것을 쏟아낸다. 그렇게 치열하게 부딪히며 멋진 콘텐츠를 만들고 있다.

참 다행이다. 날고 기는 재주꾼들이 횡행하는 광고계에서, 나 같은 범생이도 쓰임새가 있으니 20여 년 이상 자리를 차지하고 내 역할을 하고 있는 것 아닌가.

믿을 수 없는 결과는
믿는 것에서 시작한다.

信じられないことは、
信じることから生まれる。

미쓰이스미토모은행(三井住友銀行) TV 광고 (2020)

기적은 노력과 믿음이 만나는 것

근육에 익히는 것. 나는 실력을 그렇게 정의한다. 운동은 대표적으로 몸의 근육으로 익히는 일이다. 수백 수천 번의 반복과 극복을 통해 내 근육 하나하나에 동작을 새기는 것이다. 김연아의 숨이 멎을 듯한 트리플 악셀, 손흥민의 파괴적인 드리블은 모두 근육에 새겨진 연습의 흔적에서 가능한 것이었다.

운동뿐이 아니다. 예술도 근육으로 익히는 것에서 시작한다. 똑바르게 획을 긋는 것을 팔의 근육이 받아들이는 것이 미술의 첫걸음이 된다. 몇백 번 이상 같은 건반을 누르면서 피아노 연주에 힘과 속도가 붙기 시작한다.

근육에 익히면 생각의 단계를 뛰어넘게 된다. 생각하지 않아도 몸이 저절로 반응한다. 그때부터 진짜 실력을 보여 줄 수 있다. '상대방이 오른쪽으로 움직여 막으니 나는 왼쪽으로…' 같은 생각을 하지 않는 수준을 넘어선 뒤에야 실전에서 상대방과 맞설 수 있게 된다. 음악도 그렇다. '지금 도를 눌렀으니 다음에 라를 누른 뒤…' 같은 생각이 필요 없는 경지를 한참 지난 후에야 건반에 감정과 혼을 담은 예술을 표현할 수 있게 된다.

공부하기, 글쓰기, 아이디어 발상 같은 활동도 결국은 마음과 두뇌의 근육에 익혀진 것이 발현되는 것이다. 그렇게 차곡차곡 쌓인 실력이 어느 날 폭발하면 놀라운 성과가 된다. 은반 위를 날아 전 세계를 매혹시키거나, 열세를 딛고 월드컵 16강에 진출한다거나, 연속된 음들로 공간을 채워 수많은 관객을 감동시키는 일이 생긴다. 예상을 넘는 성적, 읽는 이를 빨아들이는 문장, 보는 이를 사로잡는 영화가 탄생하는 것이다.

그 믿을 수 없는 성과들은, 근육에 차곡차곡 쌓아 온 믿을 수 있는 과정에서 시작된다. 꾸준하게 만들어 온 실력이 결과를 낼 것이라는 믿음에서 비롯된다. 그렇게 준비해 온 자신을 믿는 것에서 출발한다.

도쿄 올림픽을 앞두고 방영된 미쓰이스미토모은행의 TV 광고는 바로 이 지점을 명확하게 보여 준다. 광고 영상은 조용히 시작하는 음악과 함께 출발을 앞둔 육상경기장에서 시작한다. 화면은 차례로 여러 종목의 운동선수들이 긴장된 모습으로 경기의 시작을 준비하는 모습을 비춘다. 다이빙대에 선 선수, 체조 경기장에서 도움닫기를 준비하는 선수의 모습이 이어진다. 배구, 수영, 축구, 테니스,

탁구 등 여러 종목의 선수들이 큰 숨을 들이마시거나, 무언가를 중얼거리며 집중하는 클로즈업 컷들이 연달아 보인다.

음악이 점점 고조됨에 따라 선수들도 스스로 용기를 불어넣으며 의지를 다진다. 장대높이뛰기 선수인 옐레나 이신바예바 같은 세계적인 선수들과 배구 선수 기무라 사오리 등 인기 있는 일본 선수들의 얼굴이 스쳐 지나간다. 결정적인 출발 순간. 음악이 멈추고 보는 이들의 숨도 멎는다. 그리고 검은 화면에 두 줄의 카피가 꽂힌다.

믿을 수 없는 결과는
믿는 것에서 시작한다.
信じられないことは、
信じることから生まれる。

그리고 터져 나오는 함성! 등장했던 선수들과 관객들의 환호가 화면을 가득 채운다. 그리고 "The Power to believe"라는 영문 슬로건이 정립된다. 이 광고는 음악, 영상, 편집감 어느 하나도 빠질 것 없다. 감각적으로 잘 만들어진 영상이다. 그러면서도, 놀라운 결과를 묵묵히 만드는 꾸준함의 힘을 '믿음'이라는 키워드로 멋지게 표현해 냈다.

이 영상은 도쿄 올림픽을 앞두고 방영됐다. 코로나로 올림픽이 1년 연기되어 개최되던 시점이다. 당시의 보도자료는 '때로는 불안에 휩싸여 있으면서도, 자신을 잃지 않고 미래를 믿어 온 모든 선수들을 응원하는 광고'라고 밝히고 있다. 그때를 돌이켜 보면 충분히 이해 되는 대목이다.

선수들은 실력을 쌓기 위한 자신과의 싸움뿐 아니라, 코로나로 올림픽이 무산될지도 모른다는 불안과도 싸워야 했다. 4년, 아니 5년간의 준비가 물거품이 될 수도 있는 상황에서 묵묵히 운동을 해야만 했다. 스스로에 대한 믿음과 미래에 대한 믿음이 모두 요구되는 상황에 The Power to believe라는 슬로건이 묵직하게 다가올 수밖에 없다.

결과를 만들어 내는 믿음은 가시적인 성과를 많은 사람에게 선보이는 운동선수나 예술가들만의 몫은 아니다. 우리 삶의 모든 순간에도 밀접하게 연관되어 있다. 자전거를 처음 배우는 아이에게도 그러한 순간은 찾아온다. 짧지 않은 시행착오를 거쳐서 온몸의 근육에 기록된 균형 감각이 넘어질 것에 대한 두려움을 이겨낸 믿음과 만날 때, 스스로 앞을 향하게 된다. 그 믿을 수 없는 즐거움이 시작되는 순간이다. 작은 기적이다.

언어를 배우고, 타이핑을 배우고, 무용을 배우는 순간에도 적용된다. 오랜 시간의 공부 끝에 도전한 시험, 새로운 기술과 업무까지. 결국은 같은 원리에서 믿을 수 없는 결과를 맞이하게 된다. 기대 이상의 성적, 합격, 대회에서의 수상, 프로젝트의 대성공 등 크고 작은 기적 같은 일들이 그렇게 일어난다.

믿을 수 없는 결과를 우리는 가끔 '기적'이라고 부른다. 사전에 기적은 '상식적으로 생각할 수 없는 기이한 일'이라고 정의되어 있다. 상식적으로 생각할 수 없는 일이 지극히 상식적인 과정에서 만들어진다는 것, 이 광고가 다시 한번 일깨워 줬다. 나에게, 우리에게 어떤 믿을 수 없는 기적이 앞으로 일어날까. 그리고 어떤 믿을 수 있는 과정이 지금 진행 중일까.

세상은
포기하지 않았던
꿈으로 이뤄져 있다.

世界は、
あきらめなかった
夢でできている。

꿈을 꾸는 것이 남는 장사다

"마지막 꿈은 무엇일까요?"

"저는 (하늘을) 나는 게 꿈입니다."

사생활 스캔들로 이미지에 타격을 입기 전인 2000년대 중반, 한때의 국민 가수 김건모가 예능 〈무릎팍도사〉에서 한 대답이었다. 꿈을 묻는 것은 이 프로그램의 마지막에 나오는 공식 질문이었다. 거의 모든 출연자들은 직업이나 인생에서 이루고 싶은 희망을 이야기했는데, 그가 나름의 유머 감각으로 한다고 한 답변이 바로 문제의 '하늘을 나는 꿈'이었다.

진행자 강호동이 황당해하는 표정을 짓는다. 거기에 아랑곳하지 않고 '나이 들어서도 오래 음악을 하고 싶다' 류의 이야기는 '목표'인 것이고, 꿈이란 이루어질 수 없는 것도 있는 거라고 김건모는 덧붙였다. 이 대답이 프로그램 내내 보인 장난기 가득한 태도의 정점이었기에, 방송이 나간 후 그는 대중과 언론의 큰 비판을 받았다. 그 엄청난 파도에 휩쓸려 가 버렸지만, 나는 그의 '꿈 철학'은 나름의 설득력이 있다고 느꼈다.

"수면 중에 일어나는 일련의 시각적 심상". 네이버 지식백과에서 찾은 '꿈'의 정의다. 그러나 꿈이란 단어를 그 뜻으로만 쓰진 않는다. 최소한 내가 알고 있는 외국어의 범주(영어 Dream과 일어 ゆめ) 안에서는 다 그렇다. 내 카페를 차리고 싶다는 구체적 목표가 꿈이 되기도 하고, 인류의 평화 같은 (거의) 불가능한 바람도 꿈이 된다. 장국영이나 엘비스 프레슬리가 살아있으면 좋겠다는 완벽히 불가능한 종류도 있다. 이 넓은 영역 안에 드는 모든 희망을 우리는 '꿈'이라고 이야기한다. 그리고 대부분의 꿈은 현실과 불가능의 경계에 있다.

일본의 한 X(구 트위터) 계정에서 우연히 발견한 고쿠시칸대학(国士舘大学)의 팸플릿은 꿈에 대한 여러 가지 생각을 떠올리게 한다. 위키백과에 따르면 고쿠시칸은 인재 양성을 위해 1917년 사숙(私塾, 사설 교육기관)으로 시작해 1958년에 정식 대학이 됐고, 동경에 자리 잡고 있다.

세상은

포기하지 않았던

꿈으로 이뤄져 있다.

世界は、

あきらめなかった

夢でできている。

이 카피는 세상과 꿈을 바라보는 새로운 시각을 제시한다. 이 문장이 적혀 있는 배경에는 꾸깃한 종이 뭉치가 덩그러니 놓여 있다. 누군가가 무언가 적었다가 버린 것 같은 노트의 한 페이지다. 그 안에 세상을 바꾸려고 했던 자신의 생각이, 자신의 아이디어나 이론이 적혀 있었을지 모른다. 이 카피는 이야기한다. 이렇게 꿈을 포기하거나 버리지 말고 가지고 소중히 품고 있으라고. 한낱 몽상에 그치지 않고, 언젠가 당신과 세상을 바꾸게 될지 모른다고.

하늘을 나는 꿈을 포기하지 않았던 미국의 어느 형제는 세상을 바꾸고 역사에 이름을 남겼다. 그 외에도 헤아릴 수 없이 많은 위인전 속 인물들과 뉴스 속 주인공들의 모습이 떠오른다. 인생의 반환점을 돈 아저씨가 읽어도 가슴이 조금 웅장해진다. 그런데 한 가지 의문이 든다. '포기하지 않은 꿈'만 대단한 거였나? '포기했던 꿈'들도 소중하고 가치 있는 것 아니었나?

청소년 시절의 꿈은 만화가가 되는 것이었다.

→못 이뤘다.

기타를 배운 후로는 음악가의 꿈도 생겼다.

→될 리가.

학생 시절 차별 없이 모두가 행복한 세상을 꿈꿨다.

→아시다시피.

소설을 써 보고 싶은 꿈도 있었다.

→한 페이지도 못 썼다.

지적인 사람이 되고 싶다는 꿈.

→쯧쯧.

좋은 남편, 좋은 아빠가 되고 싶은 꿈.

→망했다.

회사가 잘 돼서 높은 사옥을 짓는 꿈.

→아이구야.

일부는 예전에 포기했고, 일부는 포기하는 중인 꿈이다. 그리고, 여기에 차마 다 쓰지 못한 수없이 많은 꿈이 있다. 대부분은 말 그대로 꿈으로 끝나고 말았지만, 돌이켜 보면 그 꿈들이 지금의 많은 것을 만들었다.

만화와 음악에 관한 꿈이 나의 광고 경력으로 연결됐다. 광고의 아이디어를 내고 콘티를 짜고 만들어 가는 나만의 감각의 원천은 만화와 음악이다. 지적인 욕구는 지속적인 독서와 대학원 진학으로 이어졌다. 지금 겸임교수로 후배들을 가르치는 것과 무관하지 않다. 좋은 남편, 좋은 아빠가 되고 싶은 꿈은 내가 더 좋은 사람이 되고 싶게 만들었고, 회사를 잘 꾸려 가고 싶은 꿈이 오늘 아침도 남들보다 먼저 출근하게 만드는 에너지이다. 좋은 사회에 대한 꿈? 여전히 버리지 못하고 있다.

세상이 포기하지 않았던 꿈들로 이뤄져 있다면, 인생은 포기한 꿈이 연료가 되어 전진하고 있는 걸지도 모르겠다. 그러니 나중에 포기하게 되더라도 오늘도 꿈을 꾸는 것이 결국 남는 장사다.

4장

광고와 글쓰기에 힌트를 주는 한 줄

어떻게
똑같은 매일을 반복하고 있는데
미래를 만들 수 있는 걸까.

なぜ、
同じ毎日を繰り返しているのに
未来をつくれるのか。

NTT동일본 인쇄 광고 (2009)

하루키 소설 정도는 나도 쓰겠다

"그 정도 소설로 괜찮다면, 나도 쓰겠다."

작가 무라카미 하루키가 《바람의 노래를 들어라》로 '군조' 신인상을 탔을 때, 당시 그가 운영하던 가게에 동창이 들러서 그에게 했다는 말이다.

하루키의 에세이에 소개된 일화다.[12] "그 말을 듣고 물론 불끈했지만, 그 정도의 소설이라면 아마 누구라도 쓸 수 있을 것이다."라고 하루키는 글을 이어간다. 그의 문장은 어려운 단어나 화려한 표현이 적다. 쉽고 평이한 문장으로 자신의 세계를 구축하는 작가다.

조금만 더 읽어 내려가면 "하지만 그 동창생이 그 뒤에 자기 소설을 썼다는 말은 듣지 못했다."라고 덧붙여져 있다. 몇 년 전에 읽은 책인데, 나는 300페이지가 넘는 내용 중에서 특히 이 부분을 선명하게 기억하고 있다. 그 발언을 하루키의 동창만 한 것이 아니기 때문이다.

"이 정도면 나도 쓰겠는데?"

학생 시절, 글 좀 쓴다는 친구에게서 내가 들은 말이다. 이후 그 친구가 소설을 썼다거나 등단했다는 이야기를 듣지는 못했다. 그뿐만이 아니다. '하루키의 소설을 읽고 이 정도면 나도 쓰겠다'는 생각에 시작했다는 작가들이 있었다. 오래전 일이라 출처는 정확히 기억나지 않지만, 꽤 많은 작가의 글이나 인터뷰에서 읽었다. 이들은 최소한 작가가 되긴 했다. 꽤 좋은 글을 쓰는 작가도 있지만, 대부분 하루키 정도의 글을 쓴다고 평가받지는 않는다.

하루키는 호불호도 있고 평가도 엇갈리는 작가다. 일본의 어느 독자 여론 조사에서 선정된 것처럼 '지난 1,000년간 최고의 일본 문인'인지는 모르겠지만, 최소한 노벨문학상 후보에는 여러 번 올랐던 작가다. 하루키가 '야구장에 관람을 갔다가 응원하는 팀의 타자가 1회 말 2루타를 치는 순간 소설을 써야겠다는 생각이 떠올랐다'는 이야기도 널리 알려져 있다.[13] 그렇다고 그가 야구를 보다가 불현듯 떠오른 생각을 술술 써서 한 시대를 대표하는 소설가가 된 것은 아닐 것이다.

그는 매일 새벽에 일어나 1~2시간씩 달리기를 하는 것으로도 유명하다. 이는 글을 꾸준히 쓰기 위한 체력을 키우기 위한 것이었다. 마라톤 대회에서 여러 차례 완주할 정도였다. 그렇게 꾸준히 달리면서 삶과 문학에 대한 통찰을 키웠다고 한다. 달리기를 한 뒤에는 매일 정해진 시간만큼 꾸준히 글을 써 나갔다. 매일 하루키가 쓴 분량 정도의 글을 쓰는 것은 어마어마한 일이다.

오랜만에 하루키를 떠올린 건 이 광고 때문이다. 스즈키 이치로가 등장한 NTT 동일본의 인쇄 광고. 평범한 이미지 옆에 자리한 비범한 카피가 울림을 주는 광고다.

이치로는 어떻게
똑같은 매일을 반복하고 있는데
미래를 만들 수 있는 걸까.
イチローはなぜ、
同じ毎日を繰り返しているのに
未来をつくれるのか。

일본 프로야구 7년 연속 타격 1위. 메이저리그 신인왕 및 리그 MVP 동시 수상. 메이저리그 한 시즌 최다 안타 기록. 메이저리그 최초 3000안타-500도루. 골든 글러브 10회 수상. 메이저리그의 거구들 사이에서 최고가 된 동양인 야구선수. 이런 서술로도 충분치가 않다. 그는 야구선수라기보다는 구도자 같은 느낌이 든다. 그가 은퇴하기 전인 2016년, 그를 다룬 한겨레의 기사 제목이 의미심장하다. "스즈키 이치로는 철학자다." 24시간 수도승처럼 생활한다고도 말한다. 기사에 소개된 그의 규칙의 일부다.

- **경기 5시간 전에 경기장에 들어가, 같은 방식으로 스트레칭을 하며 타격 준비를 한다.**
- **타격 연습 때는 3 볼-0 스트라이크를 생각한다.**
- **타격할 때는 쪼그리고 앉았다가 어깨를 들고 플레이트 쪽으로 다가간다. 그리고 깊은 숨을 들이마신 뒤 방망이를 쥔 오른팔을 투수 쪽으로 뻗고, 왼손으로 오른쪽 어깨를 잡는다.**
- **더그아웃에서는 1인치 나무 막대기로 발바닥을 문지른다. 건강 유지를 위해.**
- **집에서 TV 볼 때도 선글라스를 낀다. 시력 유지를 위해.**
- **매일 아침 같은 음식을 먹는다.**

이치로 이외의 어떤 지구인이 스스로 나와의 약속을 한 번도 어긴 적 없다고 자신 있게 말할 수 있을까. 그는 재능이 아니라 루틴이 만든 천재였다. '똑같은 매일을 반복해서 미래를 만든다'니. 이치로를 설명하는 카피로 이것보다 더 완벽할 수는 없겠다. 전면광고 버전에 나온 바디카피의 내용은 다음과 같다.

이치로의 일주일은 마치

같은 하루를 7번 반복하고 있는 것과 같다.

언제나 같은 시간에 구장에 도착

글러브를 닦고, 스트레칭을 한다.

그리고 언제나와 같은 리듬으로 타석에 선다.

새로운 결과를 만들려고 하는 것처럼 보이지 않는다.

그럼에도 불구하고 이치로가

미래를 계속 만들고 있는 것은 왜인가.

그는 말한다.

확실한 1보를 쌓는 것 외에 멀리 갈 수는 없는 거라고.

통신도 같은 것이라 생각한다.

오늘의 1보가 모여, 큰 미래가 되는 것이라고.

진화를 계속해 나가는 방법은 다른 것은 없다고.

이렇게, 미래는 오늘 만들어진다.

무라카미 하루키와 스즈키 이치로. 오늘의 평범한 약속을 꾸준히 지켜 비범한 내일을 만든 사람들이다. '매일 루틴을 깨는 것이 루틴'인 나 같은 사람에겐, 그러한 삶이 어떻게 가능한지 가늠조차 어렵다.

길은 걸으면서 만들어진다.

歩くからこそ、道は生まれる。

조니워커 블랙라벨 TV-CM

'가슴 뛰는 선택'이란 말에 가슴이 뛰는 이유

인용은 매우 훌륭한 설득의 전략 중 하나다. 적절하게 배치된 인용문은 메시지를 강력하게 만들어 준다. 오래전부터 전해져 온 명언, 마음을 움직이는 노래 가사, 가슴을 움직이는 연설문 등은 부연 설명 없이 주장의 전달력을 배가시켜 준다. 물론 시인의 통찰력 있는 시구(詩句)도 좋은 인용의 재료 중 하나다.

"길은 걸으면서 만들어진다"니. 이 정도의 멋진 문구라면 더욱 그러하다. 거의 치트키다. 이런 문장으로 시작하면 일단 반쯤은 먹고 들어가는 셈이다. 조니워커 블랙 라벨 TV 광고는 스페인의 시인 안토니오 마차도의 시 〈카스티야의 들〉의 유명한 한 구절로 시작한다.

길은 걸으면서 만들어진다.

歩くからこそ、道は生まれる。

이 문장은 '걷기 때문에 길은 생겨난다'라고 직역이

된다. 스페인어의 시 원문은 “se hace camino al andar”이다. 이 글에서는 한국어로 번역된 시집의 ‘길은 걸으면서 만들어진다’를 그대로 옮겼다. 한국어 번역이 더 시적이다. 길이 생긴 인과성에 대한 주장은 물론 길이 만들어지는 시간의 흐름까지 느껴진다.

이에 비해 일본어로 된 자막에서는 원인과 결과적인 측면을 더 힘주어 보여 준다. 길이 있어서 걸은 게 아니라, 걷는 행위 때문에 길이 만들어졌음을 명확히 해 주는 느낌이다. 바로 이다음 카피를 위해서일 것이다.

망설이고 있다면, 가슴이 뛰는 쪽으로.

迷ったら、ときめく方へ。

지금 어느 길로 가야 할지 헤매고 있다면, 주저하고 있다면 가슴이 뛰는 쪽으로 전진하라고 격려한다. 길이 보이지 않을지 모르지만, 당신이 걸어가면 그것이 바로 길이 될 거라고.

인생은 선택의 연속이다. 선택의 갈림길에서 결정의 기준은 사람마다 다르다. 도움이 되는가, 돈이 되는가, 편한가, 안전한가, 부끄럽지 않은가, 남 보기에 어떨까… 이런 기준들에 얽매이지 말고, 내가 좋아하는 것, 나를 설레게 하는 것을 선택하라는 조언. 멋있다. 그러고 싶다. 그러나 현실로 돌아오면 매번 그런 선택지를 쥐어들 수 없는 것이 인생이다. 가슴이 뛰는 쪽을 선택하라는 말에 가슴이 뛰는 건 평소에 그런 선택을 할 수 없기 때문이 아닐까.

문득 드는 생각, 가슴 뛰는 쪽을 선택하라는 말은 평소 많이 들어 본 말이다. 이 말을 담은 한국 광고는 없을까? 2020년에 온에어된 포르셰 The New Macan의 TV 광고가 생각났다. 조니워커의 광고 카피와 비슷한 내용이 담겨 있다.

가야 하는 길과 가고 싶은 길,
그 갈림길에 있다면
가슴 뛰는 선택을 하라.

포르셰가 여러 나라에서 진행한 'Choose Thrilling' 캠페인의 한국 버전이다. Choose Thrilling이라는 캠페인 콘셉트에 잘 맞아떨어지는 멋진 카피다.

이 광고의 TV 매체 노출은 많지 않았다. 유튜브에서 인터랙티브 광고 형식으로 전개된 것이 더 눈에 띄었다. 결말 부분에 주어진 선택지 중 하나를 시청자가 결정하면 그 선택에 따른 이야기가 이어지는 형식이었다. 형식적으로 새로운 시도를 한 것은 좋았으나 정교하게 설계된 캠페인은 아니었다. 영상 마지막 부분마다 시청자에게 주어진 선택들이 너무 단순했다. 이를테면 재즈를 들을 것인가, 시티팝을 들을 것인가. 정장을 입고 나갈 것인가, 재킷을 입을 것인가 같은 것들이었다. 선택에 따른 이야기도 흥미롭게 전개되지 않는다.

더 아쉬운 것은 영상에서 표현되는 느낌이다. 조니워커 광고에서는 가슴 뛰는 선택을 하는 젊은이들의 분위기, 삶의 자세 같은 것이 느껴진다. 그러나 포르셰 광고의 주인공은 성공한 전문가적인 느낌을 주기 위한 컷도 있지만 여전히 그저 잘생긴 부잣집 도련님 같다. 아쉬울 것 없이 잘 살고 있는 주인공이 일상이 지루해서 포르셰를 선택하는 듯한 인상을 준다. 영상의 좋은 퀄리티와 참신한 시도, 그리고 좋은 카피에 비해 결과물이 다소 아쉽다.

그래도 공감이 가는 포인트는 하나 있다. 포르셰를 사면 확실히 가슴이 엄청 뛰긴 할 것 같다. 좋아서든, 비싸서든.

그 인생,
말로 하면 설교.
글로 쓰면 문학.

その人生、
語れば説教。
書けば文学。

제12회 도련님 문학상 포스터 (2011)

꼰대가 아니라고 믿는 꼰대를 위한 처방

꼰대의 시대다. 꼰대의 대중화라고 해야 할까? 한때 아저씨들이 독점했던 꼰대라는 단어를 모든 세대가 공유하고 있다. 〈SNL 코리아〉의 MZ오피스가 큰 인기를 끌며 '젊은 꼰대'가 화제가 되기도 했다. 젊은 꼰대들의 발흥으로 원조 꼰대들의 입지가 흔들리지만, 역시 꼰대의 오리지널리티는 아저씨들에 있다.

내가 학생이던 20세기에도 '꼰대'라는 말은 존재했다. 어디선가 읽은 글에는 선생님이나 아버지를 가리키는 은어라는 설명이 붙어 있었다. 원래부터 기성세대에 대한 반발이 담긴 단어였다. 그런데 학생 시절의 나는 그 말을 입에 담아 본 적도, 주변에서 누군가가 쓰는 것을 들은 적도 없다. 1980년대에 서울 서남부권에서 초·중·고등학교 시절을 보낸 나에게 '꼰대'라는 말은 생활에서 살아있는 말이 아니었다. 글을 통해서나 어쩌다가 접하던 말이었다.

그랬던 이 꼰대라는 단어가 갑자기 주변에서 들리고, 일상생활에 오르내리기 시작한 것은 비교적 최근의 일이다. 개방형 온라인 백과사전은 이렇게 설명한다. "90년대 즈음부터는 일상에서는 잘 사용되지 않는 낡은 은어쯤으로 취급되는 경우가 많았다. (중략) 하지만 2000년대 들어 권위주의와 잔소리에 대한 반발의 의미가 강해지며 '그 아저씨는 완전 꼰대야' 처럼 지칭하는 상대의 특징을 잡아 비하하는 표현으로 자리 잡게 되었고, 특히 이 개념이 사회갈등으로 강하게 대두되기 시작한 2010년대 이후부터는 이 단어의 사용 빈도가 늘어나고 다양한 부정적 의미로 확장되며 널리 사용되는 표현이 되었다."[14]

정확한 어원은 알 수 없다. 주름이 많다는 의미로 '번데기'의 방언 '꼰데기'에서 왔다는 설도 있고, 옛날 노인의 상징인 '곰방대'에서 왔다고도 한다. 일제강점기에 백작을 지칭하는 말로 사용된 프랑스어 Comte(콩테)를 그 유래로 설명한 글까지 나왔으나 속 시원한 답은 보이지 않는다. 확실한 것은, 이제 '꼰대'는 연령과 상관없이 낡은 사고방식과 권위주의의 상징이 됐다는 점이다.

우리 70년대생들은 바로 그 권위주의에 대한 오래된 거부감을 가지고 있다. 일찍이 감수성이 예민하던 청소년기에 독재정권이 시민들의 힘 앞에 항복하는 것을 목격했다. 민주화가 일보 진전되면서 획일적인 전체주의에 대한 불만을 공공연히 드러내는 것이 사회에서 용인되기 시작했다. 그렇게 열린 90년대에 20대를 보내며 개인의 선택과 가치를 중요하게 생각하는 문화를 향유했다. 그래서 인지 다른 세대에 비해 진보적 가치를 중요하게 생각하는 비율이 훨씬 높은 편이다.

그러나, 그 70년대생들이 어느덧 40대를 거쳐 50대로 접어들기 시작했다. 서태지를 들으며 "이제 그런 가르침은 이제 됐어!"에 손뼉을 치던 젊은이들이 기성세대가 됐다. 이제는 '그런 가르침'을 늘어놓는다고 비판받는 위치에 서게 된 것이다. 스스로는 수평적이며 열린 가치관을 가진 멋진 선배라고 생각하지만, 그건 우리만의 생각일 뿐이다. 후배 세대들의 눈에는, 그전에 앞서간 역사상의 모든 전 세대들과 똑같은 꼰대일 뿐이다.

한 가지 긍정적인 것은 '꼰대가 되고 싶지 않다'는 의식은 분명하다는 것이다. 다행이다. 노력하면 가능한 일이니까. 문제는 어떻게 노력하는가이다. 그런 우리 세대에게 '꼰대 근성 탈출법'에 힌트를 주는 카피가 있다.

그 인생,

말로 하면 설교.

글로 쓰면 문학.

その人生、

語れば説教。

書けば文学。

제12회 도련님(坊っちゃん) 문학상의 포스터 문구다. 이 문학상은 나쓰메 소세키의 소설 《도련님》의 배경으로 나온 마쓰야마(松山)시가 시 승격 100주년을 맞이하여 만든 것으로 도시의 문화적 이미지를 높이기 위해 제정된 것이라 한다. 일본 근대문학의 아버지라고 불리는 소설가 나쓰메 소세키를 기념하는 문학상의 포스터답게, 횟수를 거치면서 멋진 카피들로 주목을 끌었다. 그중 12회 공모를 알리는 카피는 2011 도쿄 카피라이터스 클럽 카피 연감에 등재되며 작품성을 인정받았고, 카피라이터 반도 히데키는 그해 도쿄 카피라이터스 클럽 심사위원장 상을 받았다.

이 포스터에는 담쟁이넝쿨이 드리운 벽 위에 한 노인의 모습이 보인다. 살짝 뒤편으로 기대 오른팔에 머리를 댄 나쓰메 소세키의 유명한 사진과 같은 포즈를 취하고 있다. 그리고 그 옆에는 바로 그 포즈를 한 나쓰메 소세키의 일러스트가 나란히 배치되어 있다. 짧고 명료하게 라임을 맞춘 카피는 글쓰기의 장점을 강력하게 보여 준다.

나이가 들면 확실히 하고 싶은 말이 많아진다. 누군가의 작은 질문에도 거창한 대답으로 이어질 때가 많다. 때로는 묻지도 않은 일을 먼저 나서서 "나 때는…"으로 시작하는 이야기를 들려준다. 내 이야기를 경청하고 있는 (척을 하는) 후배들을 보면서 뿌듯해하기도 한다. 역시 사람은 많은 경험을 해야 보는 것도 넓어지고 지혜로워진다는 착각에 빠지게 된다. 물론 진짜 도움이 되는 경우도 있을 것이다. 그러나 아무리 좋은 말과 메시지도 꼰대의 설교가 되는 것을 막아 주지 못한다. 윗사람이 되어 존경을 받으려면 "입은 닫고 지갑을 열라"는 말이 괜히 있는 게 아니다.

이 카피는 조언해 준다. 이럴 때 말 대신 글의 힘을 빌어 보는 게 도움이 될 것이라고. 우선 에세이로 써 보는 건 어떨까. 내 생각을 글로 쓰다 보면, 좀 더 일목요연하게 생각이 정리되는 것을 발견한다. 내 경험담이나 옛날일 자랑으로 빠지지 않고, 전하고 싶은 이야기를 더 확실하게 전달할 수 있게 해 준다. 때로는 미처 생각하지 못했던 점까지 떠오르면서 스스로 무언가를 발견하고 배우는 점도 생긴다.

표현에 대한 욕심이 있다면, 소설이나 시를 써 보는 것도 좋을 것이다. 누구나 한때는 문학 소녀나 문학 소년이던 시절이 있지 않은가. 문학적 향기를 담은 이야기는 상대방의 마음을 자연스럽게 열어 준다. 그렇게 받아들여지는 이야기는 더욱 마음에 와닿는다. 성급한 꼰대식 설교가 아니라 본인의 성찰까지 담은 멋진 작품이 될 수 있다.

혹여 누군가는 이렇게 말할지도 모르겠다. 그건 말 대신 글로 하는 꼰대질 아니냐고. 물론, 그럴 수 있다. 기본

적으로 사고방식이 바뀌지 않으면 꼰대의 늪에서 빠져나오는 게 쉽지 않다. 그런데 분명한 것은, 글을 쓰는 행위를 통해 생각이 정리되며 바뀔 수 있다는 점이다. 자기 객관화를 통해 자신의 '꼰대성'을 발견하고 개선할 수 있는 여지가 생기게 된다. 그리고 여전히 꼰대질이면 어떤가. 기왕에 하는 꼰대질, 좀 더 세련되고 멋있게 하는 것이 낫지 않나?

변하지 않는 비결은
계속 변하는 것.

変わんない秘訣は
変わり続けること。

맥도날드 베이컨 포테이토 파이 TV 광고 (2022)

료코 씨, 꼭 그렇게 변해야만 했나요?

히로스에 료코 VS 히로스에 료코.

2022년 봄, 일본의 배우 히로스에 료코가 맥도날드 TV 광고에 나온 것이 화제가 됐다. 배우가 광고에 출연한 것이 딱히 화제가 될 일은 아니지만, 당시 광고의 설정이나 마케팅 스토리가 독특했기 때문이었다. 맥도날드가 20년 전 출시한 베이컨 포테이토 파이의 신규 프로모션 광고였다. '변하지 않는 맛'을 주제로 약 20여 년 전의 히로스에 료코가 현재의 히로스에 료코를 만나는 내용의 콘티였다.

배우의 젊은 시절의 모습을 컴퓨터 그래픽으로 구현하는 것은 이제 놀라운 기술은 아니다. 영화 〈제미니 맨〉에서는 50대 초반인 주연 배우 윌 스미스의 23살 모습을 모션 캡쳐를 활용한 CG로 구현하기도 했다. 넷플릭스의 오리지널 영화 〈아이리쉬 맨〉에서는 알 파치노, 로버트 드니로 등 70대에 접어든 명배우들의 30대 초반 모습을 AI

기술 기반의 그래픽으로 재현한 바 있다. 최근 우리나라의 TV 광고에서도 이런 기법이 활용된 적이 있다. KB라이프 TV 광고에서 70대의 배우 윤여정의 20대의 모습을 딥러닝 기술을 이용해 구현한 바 있다.

이 작품은 이런 기술이 아직 널리 알려지기 전에 제작된 데다가, 그 대상이 히로스에 료코인 것이 화제가 된 이유일 것이다. 소싯적 일본의 국민 여동생의 모습을 TV 광고로 다시 불러 낸 것이다. 젊은 소비자는 히로스에 료코의 젊은 시절을 볼 수 있는 것이 신기했을 것이고, 올드 팬들은 〈철도원〉, 〈비밀〉, 〈롱 베케이션〉, 〈속도위반 결혼〉 등의 작품으로 사랑받던 그 시절의 그 소녀를 보면서 자신의 젊은 시절을 추억했을 것이다.

벤치에 앉아 맥도날드 베이컨 포테이토를 먹는 2명의 모습으로 광고는 시작한다. 현재의 료코가 20년이 지나도 변하지 않는 제품의 맛에 감탄한다. 갑자기 어린 히로스에 료코가 현재의 히로스에 료코에게 파이를 마이크처럼 내민다. 인터뷰를 하듯 장난스레 질문과 대답을 주고받는 두 히로스에 료코.

"히로스에 씨, 늘 변함없는 비결은 뭔가요?"

"음…계속 변화해 온 것이려나."

- 広末さん変わんない秘訣は?

- 変わり続けることだな。

오늘날의 히로스에 료코는 국민 여동생도, 시대의 아이콘도 아니다. 20여 년 전 '히로스에 현상'이라는 말이 나올 만큼, 그녀가 나오는 드라마와 CF마다 화제가 되던 시절이 있었다. 그 시절은 이미 지나갔다. 와세다대학에 입학했다고 와세다 출신의 현직 총리가 축하 인사를 건네던 시절도 있었다. 이 또한 역사의 한 페이지로 넘겨진 일이다. 오래전에 전성기를 지나온 그녀에게 주연이 맡겨지는 드라마나 영화는 최근 거의 없다.

그녀의 최근 주요 출연작을 훑어 보면 알 수 있다. 〈리갈하이 2〉에서는 변호사인 주인공과 갈등중인 판사역이었다. 여주인공은 아라가키 유이였다. 〈부인은 취급주의〉에서는 주인공인 아야세 하루카의 친구 역할이다. 〈벚꽃의 탑〉에서는 주인공의 동료 형사 역할이었고, 〈유니콘을 타고〉에서는 스타트업을 일으킨 주인공 나가노 메이의 멘토 역할을 했다. 이 작품들 중 공식 드라마 포스터에 그녀의 모습이 보이는 건 〈벚꽃의 탑〉 한편 정도에 그친다.

예전처럼 빛나는 주인공 위치에 있진 않아도 그녀가 이런 심오한 카피를 말하는 것이 위화감이 들진 않는다. 히로스에 료코가 배역에 걸맞은 변화무쌍한 연기력으로 인정받는 배우는 아니다. 하지만 자신의 상황에 맞는 연기의 옷을 갈아입으며 대중에게 꾸준히 사랑받았기에 "계속 변화해 왔기에, 변하지 않는다"라는 카피를 말할 자격은 있어 보였다.

그런데 이 광고가 집행되고 1년 정도 후, 예상치 않은 뉴스와 함께 히로스에 료코의 이름이 회자되기 시작했다. 유명 셰프와의 불륜설이 언론에 난 것이다. 처음에 그녀는 사실을 부정했으나, 오래지 않아 결국 사실을 인정한다. 이 사건이 터진 후에도 가정을 지키려고 노력하는 모습을 보였던 남편과의 이혼 소식도 곧 전해졌다. 이런 와중에 지인들과 파티를 했다는 보도까지 이어지자 그녀가 출연 중이던 광고가 중단됐다. 캐스팅됐던 드라마와 영화에서도 하차하게 됐다. 변화가 중요한 것이긴 하지만, 안 좋은 쪽으로의 변화는 팬들에게 당혹스러울 수밖에 없다.

아쉬움을 달래며, 좋은 변화의 이야기로 돌아와 보자. 계속 변해야 한결같은 그 자리에 있을 수 있는 것은 배우만이 아니다. 음악가도 자기 복제를 하지 않고 성공을 이어가기 위해 노력한다. 비슷비슷한 음악을 만들어 내는 음악가는 잠시의 트렌드에 편승할 수는 있어도 오랫동안 생명력을 이어갈 수는 없을 것이다.

성공한 아이돌 그룹도 대중이 질리지 않도록 새로운

컨셉을 고민하고 연구한다. 한때 큰 사랑을 받았지만 진화하지 못하고 관심 밖으로 사라진 아이돌은 손에 다 꼽을 수 없을 만큼 널렸다. 최고의 운동선수도 자신을 분석하고 도전하는 상대와 맞서기 위해 변화를 꾀한다. 정상에 오르는 것보다 지키는 게 더 어렵다고 한다. 비즈니스의 세계도, 마케팅의 세계도 한 번 성공한 방식이 다음 성공을 보장해 주지 않는다.

소설이나 에세이를 쓰는 작가들, 광고 문안을 만드는 카피라이터에게도 마찬가지다. 자신의 색깔을 잘 살리면서도, 스스로 납득할 수 있는 수준의 결과물을 내야 하는 입장이다. 그러면서 똑같은 방법의 재탕은 피해야 한다. 자신을 지키기 위해서는 계속 노력하고 변화하는 방법밖에는 없다. '변해야 변하지 않는다'는 역설은 정상에 선 톱스타뿐만 아니라 모두에게 평등하게 적용된다.

인공지능은 못하지만,
나는 할 수 있는 일.

AI can't do, but I can.

나라현 이코마시 직원 채용 포스터 (2018)

AI가 광고인도 대체할까?

2022년 1월, 한국직업능력연구원이 발표한 리포트에서 촬영감독이 '기술 측면의 자동화 위험'으로 인공지능에 의해 대체될 직업 3위에 올랐다. 1위가 문서 정리원, 2위가 도박장 직원이었다. 아, 그래? 그럴 수도 있겠다. 그런데 촬영감독이 3위라고? 내가 아는 촬영감독들의 열받은 얼굴이 순간 머릿속을 스치고 지나갔다.

최근 촬영 기자재의 발전을 생각해 보면, 어떤 의미에서 촬영감독이 순위에 들어갔는지 짐작은 된다. 요즘 카메라들은 인공지능 기술을 통해 다양한 일들을 해낸다. 화면 안에서 사람 여부를 판단하고, 얼굴을 감지하고, 배경을 구별해낸다. 그 상황에 맞는 다양한 조건을 계산해 최적의 촬영 방식을 제안하고 결정한다. 예전에 촬영감독이 판단하고 결정했던 것을 카메라가 해내는 것이다. 촬영 때 처리하지 못한 부분은 인공지능이 들어간 프로그램을 통해서 편집하고, 색을 보정하고, 합성한다.

그렇다고 해서 정말 촬영감독이 필요 없어질까? 인간

능력의 가치가 최적값을 빨리 찾아내는 것에 있는 게 아니지 않은가. 때론 최적화의 상반되는 값으로 새로운 가치를 만드는 것이 또 다른 진보를 촉진시키기도 한다. 이런 생각이 인공지능 시대에 저항하는 영상산업 관계자의 방어 논리일 뿐인지 모르겠다. 나 같은 사람이 저항을 하든 말든 이미 인공지능의 시대는 왔고, 광고업계도 영향을 받고 있다.

"일자리를 잃고 에어컨을 고치는 카피라이터?" 2023년 6월 5일, 포털 사이트 뉴스탭에 자극적인 제목들이 올라왔다. "'계약 연장 안 해요, 챗GPT로 되네요'…배관공된 카피라이터들"(〈아시아경제〉), "카피라이터까지…챗GPT발 고소득 전문직 실직 시작됐다"(〈중앙일보〉) "콘텐츠 제작자, 챗GPT에 가장 먼저 일자리 뺐겼다"(〈IT조선〉). 이게 모두 바로 며칠 전 〈워싱턴 포스트〉에 실린 한 기사가 촉발한 일이다. "ChatGPT took their jobs. Now they walk dogs and fix airconditioners"라는 제목의 기사가 여러 기업에서 광고 문구를 쓰는 업무를 AI가 대체하면서 인간의 실직이 이미 시작됐다고 전한 것이다.

국내에서도 여러 기업이 앞다퉈 인공지능 카피라이팅 솔루션을 선보이고 있다. 아직은 고차원적인 창의적 헤드라인 수준은 아니다. 그러나 무난한 난이도의 단순한 바디카피는 웬만한 대리급 사무직 인력보다 더 깔끔하게 정리해 주고 있다. 타깃에 따라 다른 세일즈 메시지를 카피화한다는 개발회사의 설명 그대로 퍼포먼스가 나온다면, 분명 단순 라이팅 영역에서는 인간의 노력을 크게 줄일 수 있을 것으로 보인다.

그러나 〈워싱턴 포스트〉의 기사처럼 인공지능으로 인한 대대적인 감원 등이 가시화되는 수준은 아니다. 일본의 경우도 마찬가지다. 일본 광고업계의 분위기를 광고 크리에이티브 전문 잡지 〈브레인(ブレーン)〉 2023년 8월호에서 발표한 광고인 대상 설문조사 결과(복수 응답)에서 엿볼 수 있다. 인공지능 활용과 관련된 과제나 불안한 요소를 묻는 질문에 일이 줄어들 것이라는 대답은 24%로 6위에 그쳤다. 오히려 인공지능이 만든 결과물에 대한 책임소재나 사용 규제에 대해 훨씬 더 관심이 높은 것으로 응답했다.

그러나 어느 시점에 인공지능의 기획, 제작 능력이 급격하게 발전할지 모른다. 챗GPT가 처음 소개되었을 때의 충격이 언제 어디서 어떻게 또 재현될지 모른다. AI 동영상 편집, AI 이미징 등도 꾸준히 발전하고 있다. 언젠가 있을 내 광고업 은퇴 파티에 사람 대신 AI 카피라이터, AI 감독, AI 디자이너가 참석하는 건 아닌지 모르겠다.

인공지능 말고 사람만이 할 수 있는 일, 아니, 사람이 더 잘할 수 있는 일은 무엇일까? 우연히 발견한 한 일본 광고에 힌트가 있어 보인다. 나라현에 위치한 이코마시의 직원 채용 광고다.

인스타그램 포스팅 형식의 레이아웃으로 메인 비주얼이 만들어져 있다. 보육원에서 아기를 보는 한 젊은 여성의 우스꽝스러운 얼굴이 정면에 보인다. 돌보고 있는 아기의 손 때문에 재미있는 표정이 되어버린 것이다. 작은 글씨로 '발달 상태와 육아 환경을 체크하는 선배'라는 설명이 달려 있다. 메인 카피는 영어로 되어 있다.

인공지능은 못하지만, 나는 할 수 있는 일.

AI can't do, but I can.

일본 광고에도 영어로 된 카피가 많이 등장하는데, 이 작품은 라임을 맞춘 쉬운 영어 헤드라인이 인상적이다. 이 광고는 인공지능이 아닌 사람이 할 수 있는 대표적인 일로 그녀의 얼굴을 제시하고 있다. 인공지능도 보육원에서 정확하게 할 수 있는 일이 있을 것이다. 아이의 발달 상태와 보육원의 환경에 대해 다양한 수치와 계산을 통해서 확인하고 대처할 수 있을 것이다.

하지만 그 일을 하면서 살아있는 아이를 안을 수는 없다. 체온을 나누며 교감할 수는 없다. 아이의 장난을 받아 주고, 기꺼이 망가진 얼굴로 아이의 웃음을 만들 수는 없을 것이다. 이 간단한 이미지와 카피를 보면서, 아무리 완벽하게 프로그램을 짜도 인공지능이 대체하지 못하는 영역은 의외로 많을지도 모르겠다는 생각이 든다.

언제가 될지 모를 내 은퇴식에, 부디 AI가 아닌 인간 카피라이터, 인간 촬영 감독이 함께 하길 기대한다.

본가의 달력에는
내가 돌아오는 날에
커다란 빨간 동그라미가 쳐져 있습니다.

実家のカレンダーは、
わたしが帰る日に
大きな赤まるが付いています。

도쿄 스마트 드라이버 안전귀향 캠페인 포스터 (2014)

강하고 오래가는 묘사의 힘

식탁에서 아침 식사 중인 가족. 아버지는 단정하지 못한 아들의 헤어스타일이 못마땅하다. "머리 꼬락서니 하고는." 아무런 대답도 하지 않지만, 아들의 잔뜩 부어오른 얼굴과 어떤 말을 애써 참으며 앙다무는 입 모양새를 보니 아버지의 핀잔이 오늘 하루만의 이야기가 아닌 듯하다.

출근길의 아버지가 핸드폰을 놓고 나왔다. 아들은 무표정한 얼굴로 아버지의 핸드폰을 찾기 위해 버튼을 누른다. 아버지의 벨 소리를 찾아 식탁으로 다가가 핸드폰을 주워 든다. 발신자의 번호가 뜬 핸드폰에는 아들의 이름 대신 밝게 빛나고 있는 네 글자가 보인다. '나의 희망'

앞의 이야기는 2007년에 온에어된 SK텔레콤의 '사랑을 향합니다' 캠페인 TV 광고다. "마음속 깊은 사랑까지 전하고 싶습니다."라는 카피가 흘러나오기 전에, 이미 우리는 저 아버지의 마음을 알고 있다. 하고 다니는 모습부터 행동거지 하나하나 못마땅해하며 잔소리하고 야단을 치지만, 마음속 깊이 얼마나 아들을 사랑하는지. 아마 밖에 나가서는 "그 녀석 하는 짓을 보면…."하며 지인들에게 볼멘소리를 하면서도 아들의 별거 아닌 일을 자랑하며 떠벌리고 있을지도 모른다. 아버지가 직접 말하지 않았는데 우리는 어떻게 알고 있는 걸까? 영상이 그 마음을 묘사하여 보여 줬기 때문이다.

독일 출생의 작가이자 편집자인 샌드라 거스는 "말하지 말고 보여 주라"고 예비 소설가들에게 조언한다. 그는 "말하기는 단정 내린 결론을 독자에게 전해 주는 일"인데 비해, "보여 주기는 독자가 인물의 오감을 통해 직접 경험하도록 만드는 일"이며, 감정을 불러일으킨다고 강조한다. 말하기는 이야기 속 세계를 발견할 기회를 박탈하지만, 보여 주기는 독자가 이야기 속 세계에 적극적으로 참여할 수 있도록 한다.[15]

앞서 설명한 광고에서도 마찬가지다. 성우가 멋진 목소리로 "앞에서 싫은 소리를 해도 부모님은 당신을 사랑하고 계십니다."라고 말을 했다면 그 시절의 나온 다른 광고들과 함께 묻혀버렸을 것이다. 그저 '나의 희망'이라는 명칭으로 핸드폰에 저장된 아들의 번호를 보여 주는 것이 아무런 설명없이 훨씬 더 큰 울림으로 다가온다.

일본의 한 포스터에 실린 이 카피는 어떨까.

본가의 달력에는

내가 돌아오는 날에

커다란 빨간 동그라미가 쳐져 있습니다.

実家のカレンダーは、

わたしが帰る日に

大きな赤まるが付いています。

'민족 대이동'이라는 말이 있다. 설이나 추석 때 수많은 사람이 가족과 함께 고향을 찾는다. 교통난에 대한 부담, 명절을 간소히 치르려는 경향 등이 맞물려 그 규모는 줄었지만, 여전히 명절에 고향을 찾는 일은 이어지고 있다. 고향의 부모 입장에서 명절은 집을 떠난 자식을 볼 수 있는 1년에 몇 안 되는 기회이다. 시절이 바뀌었어도 자식들이 돌아오기를 손꼽아 기다리는 부모의 마음은 변하지 않는다.

일본도 우리와 비슷한 장면이 연출된다. 주요한 명절이나 연휴 기간에 고향의 부모님을 찾아가는 귀향 행렬이 이어지곤 한다. 고향을 떠난 자식을 그리는 마음이 어찌 한국과 일본이 다르겠는가.

이때를 즈음해 안전 귀향을 홍보하는 여러 가지 캠페인이 벌어진다, 일본의 교통안전 캠페인 프로젝트인 '도쿄 스마트 드라이버' 포스터도 그중 하나다. 2014년에 나온 이 포스터의 카피도 전형적인 보여 주기의 힘을 느끼게 한다.

머릿속에 선연히 그려지는 풍경이다. 명절을 기다리는 고향의 노부부. 자식과 통화하면서 전해 들은 귀향일을 달력에 커다랗게 표시해 놓는다. 저 날짜에 커다란 빨간 동그라미를 그리면서 기뻐했을 그 어머니의 얼굴이 떠오른다. 명절을 며칠 앞두고 나눈 전화 통화에서 바쁘고 힘들면 일부러 안 내려와도 된다고 이야기하면서도 저 날짜에서 눈을 떼지 못했을 그 얼굴. 밖을 오갈 때도, 집안일을 할 때도 빨간 동그라미 안의 날짜가 계속 눈에 들어왔을 것이다. 겉으로 표현하지는 않아도, 달력 위의 빨간 동그라미를 볼 때마다 자식이 잘 지내고 있는지 궁금해했을 아버지의 눈빛도 그려진다.

포스터에 "고향의 부모님은 당신이 돌아오길 손꼽아 기다리고 있습니다"라고 쓰여 있었다면 얼마나 당연하고 맥이 빠지는 카피가 됐을까. 본가의 달력에 표시돼 있는 빨간 동그라미를 제시하는 것만으로 우리는 머릿속에 자신만의 이야기를 만들어 낸다. 그리고 자연스럽게 메시지를 증폭해서 받아들인다.

보여 주기의 힘은 이렇게 설명할 수도 있겠다. 광고 영상이 핸드폰 속 화면에 담긴 '나의 희망'을 담담히 보여 주는 것 대신, '부모님은 당신을 사랑한다'고 목소리를 높여 말했다면 어땠을까. 나는 도쿄 스마트 드라이버의 광고 카피를 읽으면서 15년 전에 봤던 SK텔레콤 광고를 떠올릴 수 있었을까?

말할 수 없어.
말할 수 있어.

言えない。
言える。

파이롯트 기업 PR 신문 광고 (2009)

말하지 않으면서 말하는 방법

히라이 켄의 음악을 좋아한다. 남성미 넘치는 서구적 외모에 어울리지 않는 고음의 미성이 오랫동안 귓가에 맴도는 신비한 매력의 가수다. 우리나라에서 가장 인기가 있는 곡은 아마도 〈눈을 감고서(瞳をとじて)〉일 것이다. 영화 〈세상의 중심에서 사랑을 외치다〉의 애절한 주제가로, 한국 가수가 리메이크하기도 했다.

헤아릴 수 없을 만큼 많은 그의 명곡 중 내가 가장 좋아하는 곡은 Ken's Bar 앨범에 실린 〈One Day〉이다. 쿠와타 밴드의 원곡을 히라이 켄이 리메이크한 곡이다. 히라이 켄 특유의 아름다운 목소리와 달콤하게 슬픈 곡 분위기도 좋지만, 내가 좋아하는 또 다른 부분은 바로 이 가사다.

One day, I found you.
Tonight, I miss you.

단 두 줄의 문장을 던져 놓았는데, 그 안에 수없이 많은 이야기와 감정이 흘러넘친다. 100명이 들으면 백 가지의 스토리가 생겨난다. 어떻게 만나서, 어떻게 사랑했고, 어떻게 행복했는데, 어떤 일로 헤어졌다는 설명이 필요 없다. 이 음악을 들을 때마다 이 가사가 기다려졌고, 가사를 들을 때마다 수십, 수백 가지 이야기가 펼쳐졌다. 굳이 말하지 않아도 더 많은 걸 이야기할 수 있구나. 놀라웠다.

그 놀라움이 한 광고를 펼쳐 보는 순간 다시 찾아왔다. 카피를 읽는데 바로 〈One Day〉가 떠올랐다. 필기구 전문 기업인 파이롯트의 기업 PR 광고이다. 어딘가, 아니 누군가를 응시하는 소녀의 옆모습. 뒤로 빼 모은 팔과 앞으로 갈듯 말 듯 망설이는 듯한 다리가 그녀의 마음을 보여 주고 있는 것 같다. 소녀 앞에 놓인 긴 단어들의 행렬. 자세히 보면 두 문장밖에 없다.

말할 수 없어.
말할 수 있어.
말할 수 없어.
말할 수 있어.
말할 수 없어.
말할 수 있어.
말할 수 없어.

말할 수 있어.

말할 수 없어.

말할 수 있어.

말할 수 없어.

말할 수 없는 것이 많아서

사람은 글을 쓰는 거라 생각해.

言えない。

言える。

言えない。

言える。

言えない。

言える。

言えない。

言える。

言えない。

言える。

言えない。

言えないことの方が多いから、

人は書くのだと思う。

말할 수 없어, 말할 수 있어. 이 두 문장을 반복했을 뿐인데, 17살 소녀의 설레는 인생의 한 장면이 완벽하게 펼쳐지는 느낌이다. 청춘의 설렘과 사랑의 열병. 그 사람을 언제 처음 봤는지, 어떤 기분이었는지, 무엇을 하고 싶었는지, 어떻게 하고 싶었는지, 왜 못하고 있는지가 더 이상 필요하지 않다. 소녀가 직접 이야기를 해도 이보다 더 아름답게 이야기해 줄 수 있을까.

두 문장으로 수많은 이야기를 하고 있다는 점에서 두 사례는 닮았다. 다른 점이 있다면 〈One Day〉가 위스키 잔을 들고 듣는 37세의 '으른들의' 러브스토리라면, 이 광고가 버블티를 마시며 보는 17세의 '풋풋한' 청춘 스토리라는 것이다.

2009년에 발표된 파이롯트 기업 PR 인쇄 광고 시리즈 중 한 편이다. 이 시리즈의 다른 편도 단어와 단어 사이에 강물 같은 이야기를 새겨 넣은 수작이다. 긴 세월 묵묵히 견뎌왔을 것 같은 노인의 뒷모습에, 만년필로 쓴 듯한 느낌의 타이포들이 단정히 자리 잡고 있다. 10개의 동사가 하나씩 쓰여 있다.

태어나다.

울다.

걷다.

웃다.

말하다.

멈춰서다.

외치다.

만나다.

헤어지다.

이어지다.

태어나다.

사람은 인생에서

몇 글자의 단어를 쓰고 싶어지는 걸까.

단 10개의 단어로 인생을 그렸는데도 부족함이 느껴지지 않는다. 10개의 단어와 단어 사이에 70년의 인생이 흐르고 있다. 성장과 환희와 고통과 사랑이 있다. 저 사이에 인생과 역사가 있다. '태어나다'로 시작해 다시 '태어나다'로 끝낸 카피라이터의 섬세한 배치가 돋보인다.

파이롯트의 이 시리즈는 단어와 단어 사이, 줄과 줄 사이에 수많은 이야기를 넣는 법을 가르쳐 준다. 우리는 늘 더 많이 이야기하려고 한다. 말하지 않으면 모를까 봐. 내 설명이 충분하지 않을까 봐, 또는 오해를 받을까 봐. 그래서 오늘도 기획서에, 메일에, SNS에 쓰고 또 쓰며 설명하고, 덧붙이고, 부연한다.

사실 우리는 알고 있다. 때로는 말하지 않음으로써 더 많이 이야기할 수 있다는 것을. 다만, 실천하지 못할 뿐.

전기여, 동사가 돼라.

電気よ、動詞になれ。

메이덴샤 기업 PR 캠페인 (2020)

여자, 사랑 그리고 전기의 공통점

명사(名詞)인 무언가를 동사(動詞)라고 칭하는 표현을 처음 본 것은 광고계에 입문한 20세기 말, 《세계 캐치프레이즈선》이라는 책에서였다. 세계의 유명 카피와 슬로건을 모은 책이었다. 해외의 광고 카피에 대한 자료를 쉽게 구하기 어렵던 시절에 외국의 광고 카피의 면모를 엿볼 수 있던 흔치 않은 자료였다. 아쉽게도 광고의 원본이나 카피의 원문 없이 한글 번역만 소개되어 있어서, 해당 카피의 진면목을 완전히 이해할 수는 없는 자료였다. 하지만 번역된 카피만으로도 좋은 자극이 됐다. 특히 일본 광고의 카피는 문장의 구조나 말맛이 우리말과 비슷한 부분이 많아서 좋은 공부가 됐다.

여러 가지 주옥같은 일본 카피를 이 책에서 처음 접했다. 그중에 오랫동안 내 마음에 각인되어 있던 카피가 이것이었다. '유통, 서비스, 기타' 카테고리에 한큐 백화점의 카피로 소개된 짧은 한 줄.

아, 카피를 이렇게 쓸 수도 있구나. 사람을 품사로 표현하다니. 나중에 이 카피가 실려 있는 원광고를 찾기 위해 노력했지만, 찾을 수는 없었다. 사람을 동사로 표현한 비주얼은 무엇일까 궁금했다. 원작은 못 찾았지만, 이 카피는 늘 머릿속을 떠나지 않았다.

한참 뒤 한국의 광고에 추상명사를 동사로 표현한 카피가 등장한다. 2005년에 온에어된 대한적십자사의 TV 광고의 슬로건이 "사랑은 동사다"였다. 한큐 백화점의 '여성은 동사'라는 슬로건 속 동사는 '변화한다', '능동적이다' 등의 의미를 담았을 것으로 추정되는데, 이 광고 속 동사는 '실천해야 의미가 있는 것'으로 해석된다.

좋은 의미를 담은 좋은 카피였지만, TV 광고 전문 사이트인 TVCF.co.kr에 남겨진 댓글을 보면 이 뜻을 정확히 헤아리지 못한 시청자도 많았던 것 같다. 꽤 많은 댓글이 도대체 '사랑은 동사다'가 무슨 뜻이냐고 묻고 있다. 좋은 카피를 많은 대중이 받아들이지 못하는 건 대중의 잘못인가, 카피라이터의 잘못인가.

아무튼, 이후로 'OO은 동사'라는 문장을 광고나 잡문에서 자주 보게 되고, 'OO은 동사'라는 표현이 흔해지면서 예전만큼 멋있게 보이지는 않게 됐다. 그러다가 오랜만에 명사를 동사로 부르려는 인상적인 캠페인 슬로건을 만나게 된다. 창사 120년을 훌쩍 넘은 일본의 전기기기 전문 기업 메이덴샤(明電舎)가 2020년 전개한 기업 PR 캠페인의 문구이다.

전기여, 동사가 돼라.

電気よ、動詞になれ。

TV 광고는 시골에서 도시로 향한 소녀의 모습에서 시작한다. 아마도 진학이나 취업의 꿈을 안고 도시에 왔을 것이다. 그러나 바쁘고 차가운 도시는 소녀를 반겨 주지 않는다. 힘든 하루를 보내고 돌아온 소녀의 방에 불이 켜진다. 그녀의 얼굴을 밝게 비추며 내레이션이 흐른다.

전기여, 비추어라.

누군가를 받쳐 주기 위해.

화면이 바뀌면 메이덴샤의 작업 현장과 직원들의 모습이 보인다. 누가 알아주지 않아도 묵묵히 일하고 있는 사람들의 모습 위로 자막이 생겨난다.

전기여, 받쳐라.

전기여, 지켜보라.

전기여, 격려하라.

전기여, 북돋아라.

전기여, 응원하라.

전기여, 동사가 돼라.

이 캠페인의 신문 광고에는 더 많은 동사가 등장한다. 비추다, 전송하다, 젓다, 찍다, 표시하다, 울리다, 힘이 되다, 일어서다, 보여 주다 등 많은 단어로 전기가 우리 삶에서 펼치는 수많은 일을 소개한다. 이를테면 어느 아이가 태어난 산부인과의 한 풍경을 이렇게 표현했다.

전기여, 비춰 줘라.

할머니가 된 엄마에게, 첫 손주의 울음을.

처음으로 그 아이의 이름을 부를 수 있게.

電気よ、映せ。

おばあちゃんになった母に、初孫の泣き顔を。

はじめてその子の名前を呼べるように。

광고 속의 전기는 더 이상 '양과 음의 두 부호를 가진 전하가 이동하면서 발생하는 에너지'에 그치지 않는다. 전기는 그렇게 존재하는 상태가 아니라, 그로 인해 할 수 있는 수백, 수천, 수만 가지의 일들과 가능성이다.

이 카피가 "전기는 동사다"에 머물렀다면 그저 그런 광고가 됐을 것이다. 단순한 정의를 명령형으로 바꾸면서 수많은 동사로 의미를 확장했다. 그렇기에 명사를 동사로 바꿔 부르는 시도가 새로운 크리에이티브가 됐다. 누군가 여러 번 시도했던 방식도 그대로 답습하지 않고 새로운 각도를 찾아내면 인상적인 결과를 만들 수 있다. 이 캠페인의 신문 광고는 2020년 제69회 일경광고상(日経広告賞) '전기·통신·IT부문 우수상'을 수상했다.

수고하生습니다.

おつかれ生です。

아사히 생맥주 TV-CM (2021)

언어유희와 아재 개그

언어유희, 즉 말장난은 우리 생활의 일부다. 말장난을 잘하는 친구가 학교나 회사에 한두 명씩은 꼭 있다. 기묘하게 말을 잘 비틀어 웃음을 주는 사람들이다. 코미디나 예능 프로그램에서도 말장난을 잘하는 이들이 많은 사랑을 받는다. 광고에서도 말장난은 사랑받는 카피라이팅 방법이다. 예전에는 과자나 음료, 아이스크림 광고 등에서 주로 많이 보던 형식인데, 요즘은 엄숙하고 진지하게 톤을 잡던 금융권 등에서도 많이 활용하고 있다.

2010년에 온에어된 삼성생명의 '안녕하세요' 캠페인은 대표적인 금융권 말장난의 광고 시리즈다. '안녕하세요'라는 캠페인 자체를 띄우기 위한 광고였다. 자막과 귀여운 일러스트로 '안녕하세요'의 다양한 변형 말장난을 선보였다. '안녕하새우'라는 자막에 새우 그림을, '안녕하삼' 옆에 인삼 그림을, '안녕하자' 옆에 삼각자 그림을 배치하는 식이었다.

삼성생명의 광고가 카피만 비틀었다면, IBK기업은행

의 '기업해' 시리즈는 기업명을 가지고 말장난을 시전했다. '이것만 기업해', '똑똑히 기업해' 등 기존 IBK기업은행 답지 않은 귀여운 말장난으로 유쾌한 캠페인을 전개한 것이다. 보수적인 금융권에서 회사 이름을 가지고 선보인 언어유희라 매우 신선하게 다가왔다.

SSG가 '쓱'이라고 자신을 부르는 광고가 히트한 뒤로 기업명을 비트는 커뮤니케이션이 유행을 했다. LF를 '냐'로, OK저축은행이 OK를 90도로 돌려서 '읏'으로 읽는 광고가 나오기도 했다.

"반하나 안 반하나?"라며 제품의 핵심 속성을 말하고 있는 빙그레 바나나 우유나, "이게 다 모닝?"이라고 놀라움을 표시하는 기아자동차의 모닝 등 발음으로 장난치는 광고들은 이제 여기저기서 많이 제작되며 하나의 장르로 자리 잡고 있다.

일본에서도 이런 말장난 광고가 많다. 2021년에 나온 이 아사히 생맥주의 광고는 언어유희를 이용한 슬로건으로 코로나에 지친 국민들을 위로하는 거한 캠페인을 만들었다. 그 진지한 말장난 카피가 이것이다.

"오츠카레나마데스."

おつかれ生です。

일본어를 조금만 배우면 알게 되는 '수고하셨습니다'는 おつかれ様です(오츠카레사마데스)이다. 혹은 과거형으로 おつかれ様でした(오츠카레사마데시타)라고 한다. '오츠카레나마데스'는 様(사마)를 생맥주의 生(나마)로 바꿔서 만든 카피이다. 재미있다. 그런데 일본식 말장난을 한국어로 옮기기가 쉽지 않다. 처음엔 이렇게도 해석해 봤다.

"수고하셨生~"

스미마셍. 이런 가벼운 카피가 아니었다. 장난스러운 톤이 아니다. 말장난을 멋진 모델이 진지하게 말하니, 적절하게 옮기기 어려워졌다. 그냥 '수고하셨습니다'로 하자니, '사마'를 '나마'로 바꾼 포인트가 살지를 않는다. 인스타그램의 한 구독자분이 '고生하셨습니다'라는 좋은 아이디어도 내 주셨는데, '수고'와 '고생'의 어감 차이가 다소 아쉽다. 고민 끝에 고른 나의 선택은 이거다.

"수고하生습니다."
おつかれ生です。

이 광고는 1986년 출시됐다가 사라진 아사히 생맥주의 캔맥주 제품 출시에 맞춰 만들어졌다. 28년만에 부활한 제품이라 1980년대의 정취를 담았다. 그런데, 이 광고가 방영된 2021년 9월은 아직 코로나가 한창이던 때다. 장기화된 코로나 국면에 모두가 지쳐가던 때. 게다가 2020년에 계획됐다 연기된 도쿄 올림픽을 많은 제약 속에서 막 끝마친 때다.

광고는 버블 경제로 한창 일본이 행복하던 시절과 코로나로 고난을 겪는 현재를 연결한다. 영상은 1980년대 후반의 풍경에서 시작된다. 주인공이 저마다의 고단한 하루를 마치고 기분 좋게 한잔씩 걸치는 사람들의 모습을 보며 단골 음식점으로 들어가 아사히 생맥주를 마신다. 그때, 주인공의 잔이 현재의 자신의 집 안에서 캔맥주를 따라 마시는 모습으로 점프하여 이어진다. 지금 이 순간 사람들은 예전처럼 술집에 모여 함께 생맥주를 마시며 행복한 시간을 나누지 못한다. 그런 사람들에게 주인공이 캔맥주를 권하며 응원과 위로의 말을 전한다. "일본의 모든 분들, 수고하生습니다."

이 광고의 배경음악은 다케우치 마리야가 부르는 〈힘을 내(元気を出して)〉이다. 어쿠스틱한 편곡에 감동을 불러일으키는 전개가 돋보이는 곡이다. 특히, "인생은 네가 생각하는 것만큼 나쁘지 않다"는 가사가 흘러나오는 부분을 쓰면서, 대놓고 온 국민을 응원하겠다고 작정하고 만든 광고다.

여기에 모델은 배우 아라가키 유이다. 드라마 〈리갈하이〉, 〈도망치는 건 부끄럽지만 도움이 된다〉 등의 히로인으로, 일본 여성들이 가장 닮고 싶어 하는 셀럽을 발표하면 1, 2등을 도맡아 한다. 그녀가 따뜻한 눈빛으로 카메라, 아니 우리를 지긋이 바라보며 저 한마디를 던지니, 아재 개그가 될 법한 저 말장난 카피가 진정성 있는 응원의 메시지로 전달되고 있는 것이다.

말장난식 카피와 아재 개그는 사실 종이 한 장 차이다. 조금만 톤이 달라지면 당장 아재 개그가 된다. 어쩌면 톤이 아니라 화자에 따라 아재 개그가 되는 건지도 모르겠다. 똑같은 저 위의 카피들을 아라가키 유이가 아닌 우리 아저씨들이 하면 썰렁한 아재 개그가 되는 거다. 메시지가 아니라 메신저가 문제인 것. 분하지만 사실이다.

주택의 88%는 공기입니다.

住まいの88%は空気です。

일본홈즈 신문 광고 (1976)

만난 적 없는 선배들이 가르쳐 준 것

운이 좋았는지 첫 회사부터 좋은 선배들을 많이 만났다. 막연한 환상만 가지고 시작한 광고대행사는 배워야 할 것들 투성이었다. 광고의 기본도 모른 채 입사했기에, 아주 기초적인 것부터 선배들의 신세를 졌다. 세세한 것부터 친절하게 가르쳐 준 선배들이나, 살갑게 대하진 않아도 자신의 실력으로 광고란 무엇인지 일러 주는 선배들까지. 그들 덕분에 빠르게 일을 익히고 적응할 수 있었다.

광고대행사와 프로덕션을 거치면서 많은 선배들에게 큰 영향을 받았다. 자료를 찾아 정리하는 법, 자료를 분석하는 법, 컨셉을 뽑는 법, 카피를 만드는 법, 이야기에 메시지를 담는 법, 화면을 구성하는 법, 효과적으로 프리젠팅하는 법 등 모두 선배들에게 직접 배우거나 어깨너머로 익혔다.

이렇게 같이 회사에 다니며 프로젝트를 함께 한 선배들 외에도, 나에게는 서로 모르는 좋은 선배들이 많다. 광고 일의 특징은 그 결과가 세상 사람들에게 대대적으로 공개된다는 것이다. 요즘은 타깃 특화된 매체에 특정 타깃에만 집행되는 광고가 많지만, 매스커뮤니케이션이 광고대행사 업무의 주를 이루던 예전에는 아주 많은 사람에게 결과물이 노출됐다. 광고가 게재된 시점에 보지 못해도, 광고물을 모아 놓은 자료를 통해 한국에서 발표된 광고들을 대부분 확인할 수 있었다. 그렇게 보게 된 광고들은 모두 나의 공부거리가 됐다. 그 광고들을 만든 만나 본 적 없는 광고인들은 모두 나에게 광고를 가르쳐 준 선배와 스승이 됐다.

이를테면 최인아 대표 같은 분이다. 지금은 광고계를 은퇴하고 '최인아책방'이라는 문화공간을 운영하고 있다. 1984년에 제일기획에 카피라이터로 입사해, 삼성그룹 최초의 공채 출신 여성 임원으로 부사장까지 지내며 언론에 많이 소개됐다. 대중적으로 알려진 대표적인 광고인 중 한 사람이다. 카피라이터로서 "그녀는 프로다, 프로는 아름답다", "당신의 능력을 보여 주세요", "20대여 영원하라" 같은 유명한 카피를 많이 남겼다. 최인아 대표의 주옥같은 작품들 중에서 내 광고 인생의 하나의 지침이 된 카피가 바로 이것이다.

운전은 한다, 차는 모른다.

2000년대 초반에 만들어진 스피드메이트의 TV 광고 카피다. 배우 이미연이 모델이었다. 도회적인 느낌의 한 젊은 여성이 한적한 시골의 교차로에 멈춰 선 차 본넷 위에 앉아 있다. 아마 차가 멈춘 모양이다. 그 걱정스러운 운전자의 얼굴 위로 흐른 카피가 "운전은 한다, 차는 모른다."였다.

당시는 차량 정비 업체에 대한 불만과 불안이 많던 시절이었다. 이 영상은 스피드메이트가 표준화된 시스템과 투명한 단가 공개를 무기로 차에 대한 지식과 경험이 적은 운전자를 대상으로 만든 광고다. 1990년대 들어 자동차 보급률은 높아졌고 운전자도 늘었다. 시동을 걸고 차를 몰고 다닐 수는 있지만, 차에 대한 이해가 적은 사람들도 많아졌다. 이들은 차량 정비업체에 가는 것에 부담이 많았다. 차를 잘 모르기에 불필요한 정비를 받거나, 바가지를 쓸까 봐 걱정이 많았다. 이런 배경에 나온 광고와 카피다. 오랫동안 운전은 해 왔지만, 차의 작은 문제에 손하나 까딱해 보지 않은 운전자들에게 바로 자신의 이야기가 됐다. 자동차 정비에 대한 백 마디 말보다 강력하게 마음을 움직였다. 운전은 하지만, 차를 모르는 이들이 안심하고 갈 수 있는 정비업체. TV에서 이 광고를 처음 접했을 때, 감탄이 나왔다. 딱 나의 이야기였다. 내가 스피드메이트에 가야 할 이유를 한 줄로 알려 줬다.

화려하거나 멋진 문장이 필요하지 않다. 타깃 소비자가 공감하고 마음을 열 수 있는 심플한 한마디면 된다. 카피란 이런 것이라고 가르쳐 준다. 이 광고를 처음 본 후 20여 년이 지났지만, 여전히 내게는 카피가 지향해야 할 곳을 알려 주는 바이블이다. 최인아 대표는 그의 저서에서 이 카피를 포함한 자신의 대표적 카피들이 '대단히 새롭지는 않으나 공감과 설득력이 있으며, 실제로 시장에서 작동한 아이디어'였으며 '화려하거나 튀지는 않지만 브랜드에 필요한 점을 찾아내 문제를 해결'했다고 밝혔다.[16]

그가 광고계에 몸담고 있을 때 마주친 적은 없다. 프로덕션의 기획실장으로 일하던 시절에 제일기획의 여러 프로젝트에 참여한 적이 있으나, 그의 팀과는 인연이 없었다. 그의 책방에서 책을 사거나, 북토크 혹은 세미나에 참여한 적은 여러 번 있으나 정식으로 인사를 나눈 적은 없다. 그러나 늘 마음속에는 나에게 광고와 카피를 가르쳐 준 선배로 존경의 마음을 가지고 있다.

이런 관점에서 보면, 내게는 만나본 적 없는 일본 선배들도 있다. 그들의 수많은 명작 카피들 중 내 마음에 처음 들어온 문장을 본 것은 광고계에 처음 입문한 1997년의 일이다. 당시 근무하던 대행사의 자료실에 있던 책에서 발견한 카피였다.

주택의 88%는 공기입니다.

住まいの88%は空気です。

일본 홈즈의 신문 광고 카피였다. 당시 읽었던 책에는 국문으로 번역된 카피와 광고주명 밖에 없어서 어떤 이미지에 얹어진 문구인지 전혀 알 수 없었다. 그러나 이 번역된 카피만으로도 충분히 강렬한 힘이 있었다. 내가 메모해 두었다가 20여 년이 지난 지금까지 가지고 있을 만큼.

일반적으로 집이라고 하면 외관과 인테리어 같은 것을 생각한다. 그러나 그 넓은 집을 실제로 더 많이 차지하는 것은 빈 공간이며, 그 공간을 메우고 있는 공기가 집의 대부분이라는 생각은 하기 쉽지 않다. 카피 자체는 담백하다. 어떤 화려한 수사도 없다. 좋은 카피는 멋진 문장이 아니라 남다른 관점과 생각이 만든다는 것을 가르쳐 준 수작이다.

이 카피가 나온 지 40여 년이 지난 후, 내가 이 문장을 발견한 지 20여 년이 지난 2023년 여름. 일본의 중고 서적 플랫폼을 통해 구한 《카피 연감(コピー年鑑) 1977》에서 이 광고의 사본을 찾았다. 단정한 양옥집의 실내 장면과 외관 이미지가 담긴 전형적인 70년대 신문 광고이다. 긴 바디 카피에는 온도조절, 가습, 공기정화 등 공조설비는 주택 설계 단계부터 제대로 갖춰야 한다는 내용이 담

겨 있다. 바디 카피를 읽고 나니 이 광고의 키 카피가 더욱 설득력 있게 다가온다.

자료를 찾아보니 담당 카피라이터로 사와이 마코토라는 이름이 검색된다. 1976년에 도쿄 카피라이터즈 클럽에서 신인상을 받았다고 한다. 그의 작품은 카피 연감에 1984년까지 검색된다. 1970년대 중반부터 1980년대까지 왕성하게 활동한 카피라이터였던 것 같다. 대략 계산해 보면, 지금은 70대를 넘어선 나이라 아마 광고계를 은퇴했을 것이다.

사와이 마코토 씨는 자신이 오래전 쓴 카피를 바다 건너 한국의 한 광고대행사 신입사원이 20여 년 동안 품고 있으며, 광고 카피의 나침반으로 삼고 있다는 것을 모르고 있을 것이다. 시간과 공간을 뛰어넘어 가르침을 받은 한 이름 모를 한국의 후배가 지금도 좋은 광고를 만들기 위해 노력하고 있다는 것을 안다면 기뻐할 것이다.

5장

가족을 돌아보게 만드는 한 줄

이름은 부모가 아이에게 보내는
첫 편지일지 모른다.

名前は親が子供に送る、
初めての手紙なのかもしれない。

파이롯트 기업 PR 광고 (2012)

평생 읽히는 한 통의 편지가 있다

내 이름은 세 글자다. 정규영(鄭奎泳). 성씨인 정(鄭)은 대대로 내려온 것이다. 김(金), 이(李), 박(朴), 최(崔)에 이어 우리나라에서 5번째로 많은 사람이 쓰고 있다. 국가통계포털 KOSIS에 따르면 정(鄭) 씨는 대한민국 국민의 4.3%가 쓰는 흔하디 흔한 성이다. 마지막 글자 영(泳)은 돌림자다. '헤엄칠 영'. 수영(水泳)할 때 쓰는 한자 영이다. 동래 정씨 고령공파 32세손인 나를 비롯해 내 동생, 내 사촌, 육촌, 팔촌들의 모두의 이름에 들어 있다.

결국 내 이름 세 글자 중에서 아버지가 결정한 것은 단 한 글자 奎이다. 내가 나로서 존재한다는 것을 알려 주는 한 글자이며, 나를 다른 이들과 구별해 주는 정체성이 담긴 한 글자. 그 한 글자 때문에 아버지를 생각하며 펑펑 운 기억이 있다.

아버지가 갑자기 돌아가시고 난 후 1년쯤 뒤의 일이다. 긴 슬픔에서 어느 정도 회복되었다고 생각했던 시기였다. 어느 늦가을 아침 무렵, 비즈니스 관련 외국 사이트에 등록하면서 '기존에 쓰던 것 말고 전혀 새로운 아이디를 만들어 볼까'라는 생각이 들었다. 이런저런 아이디를 떠올려 봤지만 좋은 아이디어가 없어 고민하는 중이었다. 내 이름 가운데 글자 규(奎)가 별이란 뜻이니 영어나 일본어에서 별과 관련된 단어를 찾아볼까 생각하다가… 문득 그 이름을 짓고 있던 아버지의 모습을 상상해 보게 되었다.

30살의 아버지. 첫아들이 태어나 세상 누구보다도 행복하고 기뻤을 청년 아버지는 많은 생각을 했을 것이다. 사랑하는 아들에게 골라줄 첫 글자. 아무렇게나 지을 수는 없었을 것이다. 좋은 의미의 이름을 지어 아이의 미래를 축복하고 싶은 만큼 신중하게 고민했을 것이다. 며칠을 고민하던 아버지에게 떠오른 이미지. 별.

"별처럼 빛나라." 아버지가 찾은 소중한 글자 별 규(奎)를 채워 아이의 이름이 완성되었다. 아버지는 아이의 이름을 여러 번 입으로 소리 내어 불러 보며 그 이름으로 살아나갈 아이를 축복했을 것이다. 아버지는 내 이름을 그렇게 지었겠구나, 생각하는데 느닷없이 눈물이 터졌다. 아버지를 잃은 슬픔을 극복할 수 있을 거라고 생각했던 때여서 그 당혹감을 어떻게 처리해야 할지 몰랐다. 그렇게 어찌할 바 모르고 한참을 울다가 그날 하루를 무겁게 보내고 말았다.

파이롯트의 2012년 기업 PR 광고는 그날의 당혹스러운 기억을 소환한다.

이름은 부모가 아이에게 보내는
첫 편지일지 모른다.
名前は親が子供に送る、
初めての手紙なのかもしれない。

광고의 본문을 읽어 보면, 이 헤드라인의 의미가 더 명확히 다가온다.

고작 한두 글자. 그래서 부모는 고민한다.
이런 아이로 자랐으면 좋겠다.
(중략)

흘러넘치는 마음을 가슴에 품고 종이로 향한다.
뱃속의 생명에게 말을 걸며 펜을 움직인다.
몇 번이고 쓰고 몇 번이고 생각한다. 또 쓴다.

그렇게 소중하게 지은 이름.
그것은 부모가 아이에게 보내는 '한 통의 편지'라고 생각한다.

아, 그랬구나. 별처럼 빛나라는 축복의 편지였구나, 내 이름은. 나는 그 축복을 안고서 이때까지 살아왔구나. 그 축복을 안고서 아버지에게 기쁨을 드리고, 실망도 드렸겠구나. 그 축복을 안고서 아버지와 갈등하기도 멀어지기도 했겠구나. 그리고 아버지가 없는 앞으로의 삶도 그 축복과 함께 살아가겠구나. 그런데, 나는 지금 별처럼 살고 있는가. 아버지의 수십 년 전 바람에 응답하고 있는가.

이 생각을 하기 전까지 나는 오랫동안 내 이름을 별로 좋아하지 않았다. 일단 내가 좋아하는 발음이 아니었다. 드라마의 주인공처럼 멋있는 이름도 아니고, 트렌디한 이름도 아니었다. 뜻도 없는 이름이라고 생각했다. 규영이라니. 배영, 접영, 평영 같은 별 모양의 수영법인가. 아니면 '별이 헤엄친다(A star swims)'란 뜻인가.

물론 저 광고를 본 후 내 이름이 극적으로 좋아지는 일이 생기진 않았다. 다만 가운데 있는 아버지의 선택, 규(奎) 자에 대한 생각을 많이 하게 됐다. 아버지가 보낸 편지처럼 별처럼 빛나는 사람이 되어야지. 대단한 사람은 못 되었지만, 안으로 더 단단해져서 자연스럽게 내 삶의 공간에서 빛이 되는 사람이 되고 싶다는 생각. 그런 생각을 하게 하는 이름, 나쁘지 않다.

연아, 재석, 효리, 태희, 호동, 효정, 미현, 홍민, 찬호… 이름마다 부모의 마음과 희망이 담겨 있다. 건강해라, 빛나라, 나라를 지켜라, 똑똑해라, 예쁘게 자라라. 그 뜻이 거창하든 소박하든, 그 이름을 좋아하든 싫어하든, 우리는 평생 부모님이 보낸 첫 편지를 끌어안고 읽고 또 읽으며 살아간다. 바디 카피의 마지막 문장처럼 우리의 이름은 세상에서 가장 많이 읽히는 편지다. 마음이다.

아이들은 인생이라는 시간을 들여서,

천천히 읽어 줄 것입니다.

그 '편지'를 쓴 날의 부모의 마음을.

일생 자신의 이름만큼 많이 보는 글자는 없다.

그래, 이렇게 반복해서 읽히는 다른 편지는 없다.

너도
아들에게 위스키를 받으면 알게 될 거다.

お前も、
息子にウィスキーをもらったらわかるよ。

산토리 크라프트 위스키 TV 광고 (2020)

시간이 지나야
알게 되는 것들

아버지는 정종을 좋아하셨다. 왠지 으스스한 기운이 도는 추운 늦가을 무렵, 학교나 회사에서 밤늦게 돌아오면 식탁에 혼자 앉아 계시는 아버지를 발견하곤 했다. 냉장고에 있던 오이나 당근 같은 간단한 안줏거리를 놓고 따뜻하게 데운 정종을 큰 유리컵에 담아 드셨다. 인사를 하고 식탁 앞을 질러 방으로 들어가려고 하면 나에게 물으셨다.

"한잔 할래?"

"에이~ 전 술 못하잖아요."

"그래, 들어가라."

주량이랄 것도 없는 내 주량은 1잔이다. 그 이상을 마시면 토하거나 쏟아지는 잠과 싸워야 했다. 그래도 학교와 회사의 술자리에 빠지지 않았다. 아니, 빠지지 못했다. 그것이 이른바 사회생활이었다. 음주 약자에 대한 배려가 없던 그 시절, 나에게 술자리는 생존을 위한 노동이었다. 사람들과 어울리기 위해서 원하지 않는 술을 받아 마시고, 따라 주었다. 술이 몸에 잘 안 받아 못 마신다고 말하면 정신력이 약하다고 질책을 받기도 했다.

그러다 보니 피곤한 몸으로 돌아와 집에서까지 술을 마시고 싶지 않았다. 술을 못 마신다고 그렇게 말씀을 드렸지만, 같은 장면이 재현되면 아버지는 예외 없이 "한잔 할래?"하고 물으셨다. 내 대답도 늘 똑같았다.

아버지는 강권하지 않으셨다. '밖에서는 마시고 다니면서 아버지와는 한잔 같이하는 법이 없다'고 불평하시지도 않으셨다. 내 방을 향하는 순간 나에겐 더 이상 의미 없는 일이었지만, 아버지의 혼술 자리는 얼마간 더 지속되었을 것이다. 자기 방으로 들어가는 아들의 뒷모습, 그리고 닫힌 방문을 물끄러미 바라보셨을 것이다. 그때는 생각하지 못했던, 아버지의 그 식탁을 자꾸 되돌아보게 하는 광고가 있다.

산토리의 크라프트 위스키 메이커스 마크의 TV 광고 '아버지의 날' 편이다. 한국에서도 인기가 많은 미남 배우 오구리 슌이 아들로, 70대의 배우 히노 쇼헤이가 아버지 역으로 등장한다.

노인이 현관문을 열자 발견한 것은 오랜만에 찾아온 듯한 아들의 모습. 술병을 들어 보이며 "아버지의 날이라서…" 하고 인사하는 아들을 별 표정 없이 맞는다. 아무 말 없이 잔을 꺼내는 아버지를 보며 "평소에 잘 안 쓰는 아끼는 잔을 꺼내 왔다."라는 아들의 독백이 들린다. 변화가 없는 건 아버지의 얼굴뿐, 마음은 그렇지 않은가 보다.

"맛있어요?" 아들이 묻자 그제야 아버지의 입가에 미소가 살짝 머금어진다.

너도

아들에게 위스키를 받으면 알게 될 거다.

お前も、

息子にウィスキーをもらったらわかるよ。

왠지 알듯 말듯 하다는 표정으로 웃음을 짓는 아들.

"언제 또 올 거냐?"

"설날쯤일까요."

"…멀구나."

두 사람의 술자리는 깊어만 간다.

이 광고의 아버지와 아들 사이에는 보통의 다른 부자 관계와 마찬가지로 대화가 있거나 살가운 표현이 오가지는 않는다. 예상치 않은 방문, 알 수 없는 아버지의 표정은 이 아버지와 아들의 숨겨진 이야기를 암시하며 가깝지 않은 거리감을 보여 준다. 그러나 "멀구나" 그 한마디에 말로 다 하지 못한 아버지의 마음이 담겨 있다. 완성도 높은 콘티와 카피를 관록 있는 배우들이 무게감 있게 표현했다. 눈빛과 표정으로 광고에는 보이지 않는 두 사람 사이의 드라마까지 느끼게 하는 수작이다.

이 광고를 보면 내가 수없이 그냥 지나쳐온 그 식탁 앞이 떠오른다. 돌아가시기 전에 광고 속 아버지처럼 아들에게 술잔을 받는 평범한 기쁨을 많이 드릴걸. 아버지의 옆에 앉기라도 더 할걸. 마시지 않을지라도 앞에 앉아 "힘드시죠?" 그 한마디라도 할걸.

요즘 명절과 제삿날마다 정종을 준비하고 있다. 직접 따라드릴 수 있을 때 하지 못하면, 종이 위에 쓰인 이름 앞으로 드릴 수밖에 없다는 것을 그때는 알지 못했다.

지켜본다.

그것이 가장 어려운 응원이다.

見守る。

それは、一番むずかしい応援だ。

오오츠카 제약 칼로리메이트 인쇄 광고 (2017)

그 힘든 응원법,
여전히 배우고 있습니다

국어사전은 '잔소리'를 이렇게 설명한다.

1. 명사. 쓸데없이 자질구레한 말을 늘어놓는 것, 또는 그런 말

2. 명사. 필요 이상으로 듣기 싫게 꾸짖거나 참견함. 또는 그런 말 출처: 네이버 국어사전

여기서 논점은 '쓸데없이' 혹은 '필요 이상'이다. 잔소리를 하는 입장에선 모두 '쓸 데 있는' 이야기이며 '꼭 필요한' 말들이다. 듣는 입장은 다르다. 필요 이상의 참견이라고 느끼기에 갈등이 생긴다. 자녀를 키우거나, 후배를 지도하거나, 부하직원을 통솔하는 입장에 서면 잔소리 없이 지나가기 쉽지 않다. 눈에 보이는 것이 다 아쉽고 부족하다.

누군가의 자녀였고, 후배였고, 부하직원이었던 나는 알아서 척척 잘해 온 것 같은데, 왜 나처럼 안될까. 내 반만 해 줬으면 소원이 없겠다. 정말 상대방이 잘됐으면 하

는 충정에서 하는 말이란 걸 알아 주면 좋으련만, 하고 가슴을 치는 소리가 전국 각지에서 들리는 듯하다.

특히, 부모가 되면 잔소리는 숙명과도 같다. 잔소리의 내용을 보면 틀린 말도 없다. 지각 하지 마라. 아침 먹고 가라. 방과 책상은 깨끗이 정리해라. 계획에 맞춰 공부해라. 학원 시간에 늦지 마라. 게임은 정해 놓은 시간만큼만 해라. 자기 전에 양치질해라.

보라. 다 좋은 얘기들 뿐이지 않은가. 쓸데 있고 필요한 말들 아닌가. 결국 이렇게 피가 되고 살이 되는 영양가 높은 조언이 '잔소리'가 되고 마는 것은 내용보다는 전달되는 태도나 타이밍의 문제이다.

아이가 스스로 해 볼 시간을 주고, 기다려 주는 것이 필요할 때가 있다. 그러나 그것을 지켜보고만 있다는 것은 쉬운 일이 아니다. 제대로 실패하거나, 문제에 맞닥뜨리기 전에 부모가 개입해서 이야기하고, 야단치고, 반복한다. 대개의 집에서 벌어지는 일이다. 우리 집도 다르지 않다. 당연한 이야기를 하는 부모와 알고 있지만 금방 변하지 않는 아이의 갈등은 집마다 거치는 당연한 수순처럼 느껴진다. 특히 아이가 자라 대입이라는 관문에 다가갈수록 불협화음은 더 커진다.

이런 일을 겪고 있는 부모들에게, 아주 고통스러운 정

답을 제시하는 광고가 있다.

見守る。

それは、一番むずかしい応援だ。

지켜본다.

그것이 가장 어려운 응원이다.

오오츠카제약(大塚製薬)이 만드는 에너지바 칼로리 메이트의 인쇄 광고 카피이다. 칼로리 메이트는 수험생을 대상으로 한 광고를 많이 만들고 집행해 왔다. 입시의 압박을 받는 학생들에게 영양과 에너지를 주는 간식으로 포지셔닝하기 위해 그들을 응원하는 메시지를 많이 전달했다.

이 인쇄 광고는 가방을 메고 가고 수험생 아들을 먼발치에서 안쓰럽게 바라보는 한 어머니의 모습에 포커스가 맞춰져 있다. 이미지의 왼쪽 하단에 쓰인 헤드라인의 첫 단어가 눈에 와 박힌다.

見守る(みまもる, 미마모루). 사전에 나온 '지켜본다'는 우리말 뜻처럼 본다(見, 볼 견)와 지킨다(守, 지킬 수)는 의미의 한자가 어우러져 있다. '지켜 서서 본다'는 뜻일까. 그런데, 안타까운 엄마의 눈빛과 어우러져 있으니 상대방을 지키고 싶은 간절한 마음이 담긴 것처럼 다가온다. 헤드라인에 이어지는 바디 카피는 이 마음을 잘 설명해 준다.

아이에게는

이런저런 말을 하고 싶어진다.

수험생의 부모라면 더욱 그렇다.

헤드라인을 보며 고개를 끄덕이다가, 문득 본문 카피를 읽으며 마음속을 들킨 듯 멈칫하게 된다.

하지만, 그것은 아이를 위한 것이 아니라

자신의 불안을 없애기 위한 것일지 모른다.

그냥 믿고, 지켜보자.

그런 자세야말로 가장 강하게

아이를 밀어 주는 것이라 생각한다.

훈육이란 이름으로 그간 해 왔던 이야기들이 정말 모두 아이를 위한 것이었을까. 그렇다고 믿고 있지만, 사실은 내 불안한 마음을 달래기 위한 잔소리였던 적은 없었을까. '믿고 지켜본다'는 어려운 길 대신에, 손쉬운 방법으로 문제를 해결하려고 했던 건 아니었을까. 아이와 함께 했던 시간을 되돌아본다. 마음에 걸리는 여러 장면이 떠오른다.

당연히, 앞에서 말로 이끌어 줘야 할 때는 해야 한다. 하지만 뒤에 서서 긴 호흡으로 믿고 지켜봐야 할 때는, 어렵고 힘들어도 해내야 한다. 그것은 아이를 위한 일이기도 하지만, 부모를 성장시키는 일이기도 하다.

내가 수없이 그랬던 것처럼 아이도 끊임없이 실수하고, 실패를 경험하며 성장하고 있다. 나도 함께 자라고 있다. 이 카피는 그 믿고 지켜보는 일을 힘들게 배우고 있는 17년 차 아빠의 나침반이다.

아버지가 되면,
사진은 잘 찍게 된다.

父親になったら、
写真はうまくなる。

캐논 신문 광고 (1983)

그 시절 아빠들은 사진 속에 없다

오래된 사진들이 차례로 화면에 나온다. 평범한 가족들을 찍은 빛바랜 사진들. 그냥 옛날 사진들이 나오나 보다 했는데, 뜻밖의 내레이션이 이어진다.

외모에 자신이 없거나

카메라 울렁증이 있어서

이 땅의 아버지들이

사진 속에 없는 건 아니다.

가족을 위해

늘 사진 밖에 계셨던 아버지

아버지, 당신이 행복입니다.

내레이션을 들으며 보니, 정말 광고 속 사진 안에는 엄마와 아이들 뿐이다. 2009년에 온에어된 SK그룹의 기업 PR '당신이 행복입니다' 캠페인 중 하나이다. 예전의 가족사진에는 아빠가 없는 경우가 많았던 것에서 착안한 광고다. 아버지들이 못생겼거나 사진 찍히는 걸 싫어해서가 아니라 가족을 위해 사진기 건너편에 있었기 때문이라는 평범한 사실을 발견해 감동을 준다.

누구나 자신의 스마트폰으로 언제 어디서나 사진을 찍을 수 있게 된 것은 오래되지 않았다. 1990년대까지만 해도 무게가 있는 필름 사진기로 사진을 찍어야 했다. 카메라가 비교적 고가의 물건이기도 했고, 사진을 잘 찍으려면 어느 정도의 숙달도 필요했다. 그래서 가족끼리 외출을 하면 꼭 아버지가 사진을 찍었고, 그래서 많은 사진 안에는 엄마와 아이들만 있었다. 트라이포드에 올려 타이머로 세팅을 하거나, 지나가는 행인에게 부탁을 해서 아버지가 프레임 안에 들어가는 경우가 있었지만, 역시 압도적으로 많은 사진이 엄마와 아이들뿐이었다.

우리 집도 그랬다. 가족 나들이에 언제나 오래된 은색 라이카 카메라가 따라다녔다. 카메라는 늘 아버지의 목에 걸려 있거나, 손에 쥐어져 있었다. 그 시절 우리 가족 사진에도 아버지는 그리 많이 등장하지 않는다. 사진 속에는 주로 아버지를 뺀 가족들의 모습이 있었다.

아버지는 따로 사진을 배우지도 않았고, 미술이나 디자인 쪽의 감각이 발달하신 분도 아니었다. 그러나 아버지가 찍은 사진들 속에는 내가 기억하는 최고의 모습들이 담겨 있었다. 아버지는 우리의 사진을 어떻게 잘 찍으실 수 있었을까. 좋아하는 카피들을 메모한 20년 전의 자료를 살펴보다가, 우연히 그 이유를 발견했다.

아버지가 되면,

사진은 잘 찍게 된다.

父親になったら、

写真はうまくなる。

카메라 업체인 캐논이 만든 40년 전의 인쇄 광고 카피다. 광고 속에는 환하게 웃고 있는 아이와 그 아이를 안고 행복해하는 엄마의 모습이 담겨 있다. 흔한 사진이다. 그런데 이 카피 한 줄이 없어지니 보이지 않던 것이 선명해진다. 지금 이 사진을 보고 있는 자리에 카메라를 들고 있는 남자. 사랑하는 아내와 아이의 모습을 뷰파인더에 담고 있는 그 사람의 존재가 광고를 꽉 채운다.

광고 속에 사진을 잘 찍게 되는 특별한 비법 같은 것은 없다. 어떤 식으로 앵글을 잡는다거나, 적절한 노출값을 설정하거나, 초점을 잘 맞추는 노하우 같은 것이 없다. 그저 아빠가 되면 사진을 잘 찍게 된단다. 이렇게 어이없을 만큼 감동적인 노하우가 있단 말인가.

이 카피는 알려 준다. 피사체를 사랑하는 것보다 더 좋은 기술은 없다고. 그것이 우리 아버지들이 가진 위대한 사진 노하우였다고. 사랑이 가득한 눈으로 렌즈 너머의 피사체를 바라보는 것만큼 좋은 원천기술이 있겠는가. 돌이켜 보면, 사진 속의 앵글, 노출, 색감 같은 것들이 완벽하지는 않았다. 모델의 의상도, 포즈도 촌스러웠다. 하지만 그 사진 속에 우리들의 가장 빛나는 순간이 기록돼 있다.

오랜만에 옛날 앨범을 꺼내 그 옛날 아버지가 찍은 사진들을 바라본다. 사진 속의 나는 웃기도 하고 울기도 한다. 엄마의 등에 업혀도 있고 동생들과 놀기도 한다. 그러면서 100일, 돌, 초등학생, 중학생으로 자라고 있다. 그리고 어느 순간부터 아버지가 찍어 준 내 사진이 별로 없는 것을 발견한다. 그때부터 나는 가족과 함께 있기보다는 친구들과 어울리기 시작했나 보다.

사진을 보다가 깨닫는다. 이 사진은 모두 아버지가 나를 바라보는 시선이었음을. 이 각도로, 앵글로 사각의 프레임 안에 나를 가장 예쁘게 담으려고 하셨겠구나. 더 선명하게, 아름답게 담기 위해 정성껏 조리개를 여닫고, 초점을 맞추셨겠구나. 내가 내 아들을 위해 그랬던 것처럼.

지금 나는, 45년 전 아버지의 눈으로 45년 전의 나를 바라보고 있다.

'이야기하고 싶다'
이보다 더 좋은 용건은 없습니다.

「話したい」
これ以上の用件はありません。

NTT 도코모 포스터 (2002)

정 교수와 임 여사의 똑같은 통화

"오오~ 정 교수."

어머니는 언제나 똑같은 멘트로 전화를 받으신다. 내가 대학에서 강의를 맡은 이후로는 언제나 장난스러운 톤으로 '정 교수'라고 부르신다. 겸임교수로 한 과목을 맡고 있는 것인 데다 오래되지 않아서인지, 밖에서는 교수라는 호칭을 들을 때마다 괜히 쑥스럽다. 하지만, 아들이 교수로 불린다는 것을 기뻐하는 어머니의 마음을 알기에, 열심히 호응하며 대화를 이어 간다.

"네~ 정 교수입니다, 임 여사님. 오늘도 운동 다녀오셨어요?"

인사를 주고받고 나면 어머니가 일과를 읊어 주신다. 어머니는 특별한 일이 없으면 늘 오전에 탁구 교실에 나가신다. 그리고 나면, 점심 식사 후 아파트 옆 뚝방길에서 만 보를 채워 걷거나, 기구 운동을 30분 정도 하신다. 낮에 간단한 집안 일을 하고, 마트에서 장을 보신다. 피곤한 날이면, 소파에서 유튜브와 드라마를 챙겨 보신다. 가끔

동창 모임이나 보건소의 물리치료가 추가된다. 이모와 몇 시간씩 통화를 하시는 날도 있다. 어머니가 말씀해 주시는 일정은 대개 이 범주 안에 있다.

변함없는 일정 확인 후에는 내 일과에 대한 간단한 브리핑이 이어진다. 브리핑이라고 해도 어떤 일을 했고, 저녁으로는 무엇을 먹었는지 수준이다. 촬영이나 출장이 있는 날에는 평소보다 설명이 길어지기도 한다. 서로의 일정 확인이 이루어지고 나면 여동생의 해외 출장 소식, 건강을 잘 안 챙기는 막내에 대한 걱정, 하루가 다르게 커가는 손자들의 이야기가 화제에 오른다. 대부분 통화의 마지막은 이렇게 맺는다.

"피곤할 텐데 얼른 가서 쉬어라. 오늘도 수고했어."

매일 저녁, 이렇게 어머니와 전화 통화를 한 게 벌써 4년이 되어간다. 아버지가 갑자기 돌아가시고 난 후 생긴 루틴이다. 장례와 후속 절차를 모두 마치고 집으로 돌아가던 날 밤, 괜히 어머니가 걱정돼 전화를 드렸고 그게 며칠 이어졌다. 며칠이 몇 주가 됐고, 몇 주가 몇 달이 됐다. 습관처럼 매일 저녁 '임 여사님'이라고 저장된 어머니의 번호를 누른 것이 몇 년간 계속될지는 몰랐다.

"바쁘고 힘들 텐데 매일 전화하지 않아도 된다"고 하시지만, 전화를 하면 좋아하시는 것을 잘 알고 있다. 그래서 매일 저녁 휴대전화를 꺼내든다. 그리고 특별할 것 없는 비슷한 대화가 또 오간다.

나는 원래 부모님에게 자주 전화를 하거나, 본가를 자주 찾는 살가운 아들이 아니다. 오히려 그 반대다. 부모와 자식이 서로 아끼는 것을 알고 있으니, 굳이 그것을 전화나 방문으로 확인하고 표현하지 않아도 괜찮다고 생각했다. 그러니 특별히 할 애기도 없이 의례적으로 안부를 묻는 전화 통화의 필요를 잘 느끼지 못했다. 그런데, 아버지와 급작스럽게 이별을 한 후 매일 어머니와 전화 통화를 하다 보니 그동안 잊고 있던 사실을 떠올리게 됐다. 때로는 사람의 목소리를 듣고 이야기한다는 자체가 가장 중요한 목적이라는 것을.

이런 뒤늦은 깨달음을 상기 시켜주는 카피가 있다. 일본의 통신 서비스 NTT 도코모의 포스터 속에 등장하는 문장이다.

'이야기하고 싶다'

이보다 더 좋은 용건은 없습니다.

「話したい」

これ以上の用件はありません。

20여 년 전, NTT 도코모는 '핸드폰 가족 이야기'라는

TV 광고 시리즈를 방영했다. 10여 편으로 이어진 이 시리즈에는 5명의 가족구성원이 나온다. 중년의 부부 그리고 성장한 1남 2녀가 주인공들이다. 이들은 취업, 결혼 등의 이유로 모두 따로 살고 있다. 영상은 막 독립을 시작한 막내딸의 시각에서 바라본 가족들의 평범한 모습이 담겨있다. 연구원인 아빠의 넋두리, 엄마의 요가 수업, 언니의 육아 이야기, 오빠의 회사 생활 등이 그들이 나누는 삶의 단편이다. 이들은 핸드폰을 통해 이 특별한 것 없는 일상을 나누며 살아간다. 우리 모두가 그러하듯, 일하고 생활하며 웃고 즐기고, 때론 고민하고 갈등하는 보통의 하루하루다.

이 카피는 TV 광고 시리즈를 홍보하는 포스터에 쓰여 있는 문구다. 어떤 이미지도, 미사여구도 없이 카피만 커다랗게 담겨 있는 담백한 포스터다. 이 한 줄은 말해 준다. 때로는 통화 자체가 제일 중요한 통화의 목적이라고. 그저 목소리를 듣고, 안부를 묻고, 소소한 일상을 공유하는 것만큼 소중한 것은 없을지 모른다고.

그러고 보면, 정 교수와 임 여사가 나누는 매일 저녁의 통화도 마찬가지다. 늘 똑같은 통화를 하는 것 자체가 목적인 통화다. 서로의 목소리를 듣고 소소하게 웃음 지을 수 있는 시간이다. 변함없는 이야기를 나누는 것이 주는 안심과 행복이 내 일상의 일부를 채워 주고 있다. 그리고 반복된 통화들이 나에게 알려 준다. 특별히 할 얘기가 없는 평범한 하루가 얼마나 감사하고 행복한 것인지.

이 평범한 진실을 다른 앵글로 보여주는 문구도 문득 떠오른다.

행복은

이름도 없는 하루에 담겨져 있다.

幸せは、

名もない一日につまっている。

2012년, 생활용품 기업 라이온이 창업 120주년을 맞아 발표한 기업 PR 광고 바디 카피의 시작이다. 진정한 행복의 원천은 매일 맞이하는 변함없는 일상에 있다고 이야기해 준다. 이어지는 카피에 그 의미를 자세히 담았다.

작은 새소리에 잠에서 깨는 행복.

갓 지은 밥을 씹을 때의 행복,

잘 다녀오라고 가족에게 인사하는 행복.

생일, 결혼기념일, 크리스마스도 중요하지만

인생의 대부분을 차지하는 보통의 하루하루가 얼마나 소중한가.

오늘 저녁에도 나는 스마트폰을 꺼내 '임 여사님'에게 전화를 걸 것이다. 같은 인사로 시작해 서로의 똑같은 하루를 확인할 것이다. 변함없이 별 볼 일 없는 이 행복한 시간을 감사히 즐길 것이다.

순서대로네, 인생은.

順番やね、人生は。

맥도날드 TV 광고 (2022)

햄버거의 피클이 알려 준 진실

"굴 먹으면 1개에 100원씩 줄게."

그래도 굴을 안 먹었다. 10대 초반이던 1980년대의 내 이야기다. 자료를 찾아보면 1980년대 짜장면 가격이 700~800원이었다고 한다. 요즘 우리 회사 근처에서 짜장면 한 그릇을 먹으면 업소에 따라 7,000~8,000원 정도다. 소비자 물가가 대략 10배 정도 차이가 나는 셈이다. 지금으로 따지면 굴 1개를 먹을 때마다 1,000원을 주겠다고 어머니가 말했던 것이다. 그렇게 해서라도 몸에 좋은 해산물을 먹이려고 애를 쓰셨지만 나는 먹지 않았다. 10개만 먹으면 거금 1만 원이 손에 들어오는데도!

나를 닮아서 아들도 해산물 비린내를 싫어한다. 익히지 않은 해산물을 잘 안 먹고, 요리한 것도 비린내가 나면 절대 손대지 않는다. 신기하다. 닮지 말았으면 하는 것은 반드시 닮는다. 싫어하는 음식도, 좋아하는 음식도 그렇게 닮을 수가 없다. 나를 닮아 그러니 편식을 한다고 나무랄 수가 없다.

확실히 우리 집만의 이야기가 아니다. 다른 집을 봐도 엄마, 아빠의 식성을 그대로 자녀들이 따르는 것은 흔한 일이다. 부자가 대를 이어 김치를 싫어한다거나, 모녀가 대를 이어 밥에서 콩을 골라내는 일을 자주 본다. 이런 풍경은 국경을 넘어 일본의 가정에서도 벌어진다.

2022년 여름에 온에어된 맥도날드의 TV 광고 '피클의 릴레이'는 바로 모녀의 닮은 식성을 소재로 잔잔한 여름날의 한 장면을 그려 보여 준다.

멀리 바다가 보이는 마을의 어느 집. 3대가 함께 하는 시간이다. 5살 정도 되어 보이는 여자아이가 낮잠을 자고 있고, 할머니와 젊은 엄마가 툇마루에 걸터앉아 맥도날드 햄버거를 먹으며 옛이야기를 꺼낸다.

"피클 먹어 줄까?"라며 할머니가 웃는다. 젊은 엄마가 어린 시절 피클을 싫어해서 자신이 먹어 주곤 했던 기억을 떠올리며 농담을 하는 것이다. "내가 지금 몇 살인 걸로 생각하는 거예요?"라며 웃는 젊은 엄마는 자신의 딸도 피클을 싫어해 자기에게 준다는 이야기를 한다. 그 이야기를 듣던 할머니가 웃음기 어린 목소리로 조용히 말한다.

순서대로네, 인생은.

順番やね, 人生は。

어느새 아이가 잠에서 깨어난다. 자기 몫의 햄버거를 먹다가 큰 선심을 쓰듯이 피클을 할머니에게 주려고 한다. 모두 기분 좋은 웃음을 지으며 여름날의 하루가 지나간다. 바닷가를 배경으로 아름답게 담아낸 일상의 한 장면과, 대를 이어 전해지는 편식에 대한 공감으로 보는 이들까지 조용히 미소 짓게 만드는 광고 영상이다.

가까이서 보면 인생은 모두 제각각이다. 100만 명이 있으면 100만 개의 인생이 존재한다. 같은 인생은 없어 보인다. 그런데 멀리서 보면 인생은 모두 비슷하다. 다른 삶을 산다고 아웅다웅하는데, 결국 똑같은 인생을 살고 있다. 같은 일에 행복해하고, 같은 일을 실수하고, 같은 일에 눈물을 흘리며 산다.

아이는 부모를 닮는다. 좋아하는 것도 싫어하는 것도 닮는다. 먹는 모습도, 자는 모습도 닮는다. 어려서는 닮은 것투성이다. 그것이 그렇게 좋을 수가 없다. 잠자는 모습이 닮은 아버지와 아들의 모습은 한국이나 일본 광고에서 행복한 가족의 단면으로 셀 수 없을 만큼 그려진다.

어느덧 아이가 자라면 아이는 부모와 다른 점을 더 많이 발견한다. 사고방식이 달라지고 가치관도 어긋난다. 갈등하고 부딪힌다. 부모 세대와 닮은 것보다 다른 점을 찾게 된다. 그러면서 아이는 자라 어느새 부모가 된다. 부모가 되어 자식이 자신을 닮은 것을 기뻐하고, 그제야 자신의 부모를 이해하게 된다. 그러나, 기쁨도 잠깐. 자신이 어렸을 때 부모와 겪었던 일을 자식들과 똑같이 겪게 된다. 사랑하고, 닮고, 갈등하고 또 이해하는 그 인생은, 차례대로 사람들을 찾아온다.

2007년도에 게재된 올림푸스 카메라의 광고 카피는 이런 아이러니를 고스란히 담아 읽는 이들의 마음에 파장을 던지기도 했다.

아버지를 닮은 것을 싫어했던 내가,

아들이 날 닮은 것을 기뻐하고 있다.

父親に似ていることを嫌がっていた自分が、

息子が自分に似ていることを喜んでいる。

"순서대로네, 인생은."이라고 했던 할머니의 혼잣말은 그저 피클을 싫어하는 입맛만을 이야기하는 것이 아니었을 것이다. 입맛이 이어지는 것처럼, 삶의 모양이 닮아가는 것을 관조하고 있던 것은 아닐까.

내가 좋아하고 싫어한 것을 아이가 좋아하고 싫어한다. 내가 부모와 갈등했던 레퍼토리로 아이와 내가 갈등한다. 내가 부모와 행복했던 장면들로 아이와 내가 행복해한다. 이렇게 인생이 순서대로 흘러가다 보니 뒤늦게 이해하게 되는 것도 생긴다. 이를테면 나와 격렬히 갈등하던 그 시절, 나를 보던 아버지의 눈빛 같은 것이다. 그저 화가 심하게 났거나, 실망해서만은 아니었음을 자연스럽게 알게 됐다.

이번 추석, 묘소에 찾아가면 살짝 말씀드려야겠다. 그때 아버지 마음을 조금은 이해하고 있다고. 나는 내 아들이 묘지로 찾아와 나를 이해하게 됐다고 뒤늦게 고백하지 않도록 평소에 이야기를 많이 하고 싶은데, 잘 될지 모르겠다고.

셔터 누르는 것을 멈추고
지긋이 눈에
새기고 있습니다.

シャッター押すのをやめて
じっと、まぶたに
焼きつけています。

JR "그래, 교토에 가자" 인쇄 광고 (1994)

아무도 손뼉을 치지 못한 유치원 졸업 발표

아이들의 마지막 노래가 끝났지만 박수 소리는 들리지 않았다.

10년 전, 아들의 유치원 졸업식 때의 일이다. 졸업식을 겸한 발표회 자리. 몇 주 전부터 열심히 연습해 온 꼬마들이 상기된 표정으로 무대에 섰다. 2~3명이 함께 하는 노래, 5~6명이 함께 하는 율동 등 귀여운 아이들의 무대가 끝날 때마다 박수 소리가 터져 나왔다.

그런데 모두가 함께 노래를 부르는 마지막 무대, 이날 행사의 클라이맥스인 합창이 끝나도 박수가 나오지 않은 것이다. 자리에 모인 부모들의 손들이 모두 핸드폰과 캠코더를 들고 공중을 향해 뻗어 있었기 때문이었다. 몇 명씩 무대에 오른 발표에서는, 공연하지 않는 아이들의 부모가 박수를 쳐 주고 있었다. 이 전까지는 박수 소리가 끊이지 않았던 이유다. 모든 부모가 자기 아이들의 모습을 담기 위해 촬영 기기를 들고 있었고, 발표장 안에는 박수를 할 손이 남아 있지 않았다.

모두가 당황스러워했다. 어수선한 분위기는 사회자 선생님의 진행 멘트로 금방 수습이 되었지만, 원장 선생님의 마지막 말씀이 이어지는 동안 나는 뒤통수를 맞은 듯한 표정을 지울 수 없었다. 10년 전의 그 영상, 지금 어디에 있는지도 모른다. 굳이 찾는다면 외장하드 어딘가를 뒤져볼 수 있을 것이다. 그러나 10년 동안 나도, 아내도, 아이도 찾아본 적이 없다. 앞으로는? 아마도…

다시는 찾지 않을 영상을 찍기 위해, 긴장된 표정으로 노래하던 아이에게 카메라 렌즈 대신 아빠의 눈을 맞춰 주지 못한 미안함이 아직까지 남아 있다. 마지막 노래가 끝난 후 폭포 같은 박수를 보내 주지 못한 속상함도.

사진은 추억이 된다. 남는 건 사진뿐이라고도 한다. 맞다. 1장의 사진을 통해 20년 전 30년 전, 때론 훨씬 더 오래전을 기억하며 웃음 짓고 눈물을 흘릴 수 있게 된다. 사진은 힘이 있다. 사진은 남겨져야 한다. 그러나 사진만으로 기록할 수 없는 것들이 있다. 사진이 아니라 내 눈에, 피부에, 가슴에 새겨야 하는 것들도 있다. 그것을 적절히 구별해야 한다는 것을 그제야 느끼게 된 것이다.

그날 이후 나는 사진을 적게 찍는다. 당연히 추억을 위해 남겨야 할 사진을 찍기는 하지만 모든 순간을 멋지게 남기고 싶은 강박에서는 조금 벗어난 것 같다. 아이와 함께한 고마운 순간, 새로운 곳에 가서 느끼는 놀라움과 감동을 가급적 내 스마트폰이나 카메라 대신 내 눈에, 내 손에 남기려고 하는 편이다.

10년 전의 유치원 졸업식 장면을 상기시켜준 것은 30년 전 세상에 나온 광고 한 편이다. '그래, 교토에 가자(そうだ 京都'行こう)'는 JR이 1993년부터 전개해 온 캠페인이다. 교토의 다양한 명소의 아름다운 모습과 담백한 카피를 영상과 인쇄 광고에 담아, 오랫동안 사랑받고 있는 광고 시리즈의 전설이다. 30년째 이어지고 있는 광고 시리즈라니!

교토의 다양한 아름다움을 담은 수많은 광고물 하나하나가 압권이지만, 내 마음에 가장 선명하게 남아 있는 광고는 1994년 겨울에 나온 바로 이 작품이다. 무려 600여 년 전에 지어진 금각사(金閣寺) 절경 위의 짧은 카피가 마음을 사로잡는다.

셔터 누르는 것을 멈추고

지긋이 눈에

새기고 있습니다.

シャッター押すのをやめて

じっと、まぶたに

焼きつけています。

물에 비친 이미지와 데칼코마니처럼 쌍을 이루고 있는 자연과 절의 외관. 더할 것도 뺄 것도 없어 보이는 완벽한 풍경을 보면서, 카메라에 담고 싶은 욕구를 참을 수 있는 사람이 얼마나 되겠는가. 하지만 셔터를 누르는 것을 잠시 멈추고, 이 아름다운 광경을 충분히 마음속에 느끼며 눈에 먼저 새기고 있다는 카피를 건넨다. 눈과 마음에 새기고 나서 셔터를 눌러도 늦지 않으니까.

자신의 스마트폰이나 카메라로 직접 영상을 남기는 것은 가치가 있다. 하지만 그것에 연연하다가 놓치는 것들이 생기는 건 아쉬운 일이다. 그날 나뭇잎에 부서지며 얼굴에 닿던 햇살의 포근한 느낌, 나를 통과해 가던 서늘한 바람의 질감. 그 풍경 앞에서 있을 때 멀리서 울리던 새소리…. 이것은 렌즈 말고 내 몸으로 느껴야 하는 것들이다.

SNS에 인증하기 위해서 셔터 누르기 급급해하며 놓치기엔 너무 아까운 것들이다. 멋진 사진을 간직하고 싶은 차원이라면 더욱 그러하다. 대체로, 웬만한 명소와 풍경의 사진은 남이 찍어 놓은 게 훨씬 더 낫다.

'그래, 교토에 가자' 캠페인은 이 광고 말고도 아름다운 작품들로 인정받아 왔다. 발표하는 작품마다 사랑받는 30년의 캠페인을 이어 왔다? 이것은 기적 같은 사례다. 5년 전엔 도쿄에서 캠페인 25주년 기념 전시회를 열기도 했다.

기회가 되면, 10년 전 박수를 못 쳐 준 것에 대한 보상으로 교토로 가족여행을 가서 교토의 아름다운 풍경을 함께 눈에 새기고 싶다. 물론 아이가 아빠와 여행하는 게 보상이 아니라 벌칙이 된다고 생각하면 어쩔 수 없겠지만.

정해진 어른이 되지 않는 것도
성인이라 생각해.

決められた大人にならないことも、
成人だと思う。

일본우정공사 성인의 날 TV 광고 (2023)

너는 너 그대로 좋으니까

처음에 그는 여자보다 더 예쁜 남자라고 소개됐다. 화장을 지운 모습은 곱게 생긴 소년 같다. 그러나 제대로 풀 메이크업을 한 모습은 누가 봐도 영락없는 미소녀다. 어디서는 예쁜 여장 남자라고도 했다. 그는 보통 여성의 화장에 여성의 옷을 입고 나오는 경우가 많았으며, 여성들과 어울리기를 더 좋아한다고 했다. 그는 트랜스젠더이거나, 여성이 되고 싶은 것도 아니라고 했다. 젠더리스(Genderless). 그냥 젠더에 규정되지 않은 자기 자신이라고 소개하는 소년의 이름은 이데가미 바쿠였다.

그가 처음 세상에 알려진 것은 2017년 제39회 소년의 주장 전국 대회였다. 일종의 웅변 대회인 이 행사에서 그는 자신의 성적 정체성에 대한 생각을 담은 발표로 전국 2등인 문부과학대신상을 받았다. 스스로 남자인지, 여자인지 모를 혼란을 겪으며 주변의 따가운 시선을 받았던 이야기, 엄마가 용기를 준 후 자기 자신을 있는 그대로 인정하고 살아가게 된 이야기를 담고 있다. 그리고 자신감을 가지고 스스로의 꿈을 위해 살아가겠다는 다짐을 하는 발표였다.

1년 후인 2018년, 그는 오디션 프로그램인 쥬논 수퍼보이 콘테스트에서 약 1만 7,000 대 1의 경쟁률을 뚫고 12명이 오르는 파이널 무대에 섰다. 우승을 하진 못했지만 협찬사가 주는 셀프 프로듀스상을 받으며 주목을 받았다. 미용사가 꿈이던 소년이 연예인으로서 인기를 끌기 시작한 것이다. 그 이후로 연기, TV예능, 광고 등 다양한 활동을 펼쳤고 자신의 이름을 딴 패션브랜드도 런칭했다.

2022년에는 스네어 커버와 콜라보 프로젝트로 음원을 발표했다. 음원의 제목이 〈나답게, 나답게 - 이데가미 바쿠의 이야기(私らしく´僕らしく一井手上漠のことー)〉다. 이제 그는 더 이상 그저 화장하고 옷을 입는 예쁜 남자가 아니다. 성 정체성의 이슈로만 소비되는 셀럽도 아니다. 그는 '자신다움'을 추구하는 아이콘의 하나로 일본의 젊은 세대에게 영감을 주는 존재가 됐다.

2023년 성인의 날에 맞춰 방영된 일본우정공사의 TV 광고 '어른의 맹세' 편은 그의 실제 이야기를 기반으로 만들어졌다. 바닷가의 어느 카페에서 편지를 쓰는 그의 모습에서 영상은 시작된다. 그가 자신이 나온 학교를 돌아보며, 정체성의 혼란을 겪었던 학창 시절을 회상한다. 서정적인 음악을 배경으로 변함없이 자신을 지지해 준 어머니에게 쓴 감사의 편지가 자막으로 이어진다. 마지막 장면에는 자신감을 가지고 꿈을 위해 당당하게 세상을 향해 가겠다는 그의 모습 위로 카피 한 줄이 정립된다.

정해진 어른이 되지 않는 것도

성인이라 생각해.

決められた大人にならないことも、

成人だと思う。

어른이 된다는 것은 많은 의미를 담고 있다. 누군가는 완성을, 누군가는 독립을 떠올릴 것이다, 어떤 이에게는 자유, 어떤 이에게는 책임감이 어른이 된다는 것의 의미가 될 것이다. 그런데, 이 광고가 말하는 어른은 의외의 메시지를 전한다. 주인공의 이야기에 딱 맞는 어른의 정의에 고개가 끄덕여진다.

대부분의 사람은 어른들은 어때야 한다는 규정을 받아들이고, 그런 어른이 되어간다. 세상은 말한다. 어른은 이렇게 행동해야 한다. 어른이 되면 저렇게 살아야 한다. 어른이 되면 이런 일도, 저런 일도 감수하고 해내야 한다. 그리고 남자는 이래야 한다, 여자는 저래야 한다….

그런데 반드시 그것을 따르지 않아도 된다는 이 광고의 카피가 나지막이 위로를 전한다. 정해진 틀을 깨고 자신다움을 지키는 것도 어른이 되는 것이라고 말을 건네온다. 바쿠만의 이야기가 아니다. 일, 신념, 정치, 사랑, 취향 등 세상이 결정해 놓은 것들과 자신다움 사이에서 고민하는 모든 이에게 힘을 준다.

훌륭한 카피다. 내가 10대나 20대였다면 이 문장이 오랫동안 나의 지표가 됐을지 모른다. 그런데 한 아이의 아빠로서 내 마음에 깊이 박힌 카피는 다른 것이었다.

자신의 성별을 몰라서

주변에서 겉도는 존재였죠.

엄마가 불러서 단둘이 얘기했던 그날

해 주신 말 있잖아요.

"바쿠는 바쿠 그대로 좋으니까."

그날 이후, 전 무서운 게 없어졌어요.

엄마가 해 준 그 말이

지금도 저를 지켜 주고 있어요.

혼돈과 괴로움 속에 있던 그가 용기를 낼 수 있었던 것은 그 한마디 덕분이었다. 아이가 세상을 향해 용기 있게 달려갈 수 있도록 한 것은 그 말 속에 담긴 어머니의 깊은 믿음과 사랑이었다.

저는 세상에서 가장 행복한 아들입니다.

私は世界一幸せな息子です。

이 광고를 본 후 오랫동안 이 문장이 머릿속에서 떠나지 않았다. 나는 어떤 부모인가. 아이가 스스로 설 수 있도록 지켜 줘 왔을까. 내 아이는 나로 인해 행복한 걸까. '아이가 있는 그대로를 소중하게 대해 주고 믿어 줬는가'라는 질문에 떳떳할 수 없는 기억들이 자꾸 떠올랐다. 정해진 어른이 되지 않는 것도 어른이 되는 방법이라는 말에 공감하면서도, 그 기준을 내 아이에게도 똑같이 적용해 줬을까 되돌아보게 된다.

고등학생인 아들은 머지않아 성인이 된다. '키운다'는 말을 할 수 있는 시기가 얼마 남지 않았다. 충분히 잘 해내지 못한 부모 역할을 조금이라도 잘 할 수 있는 기간이 얼마 남지 않았다. 괜한 아쉬움과 후회가 든다. 그런데, 자녀를 더 오래 키운 선배들이 위로인지 아닌지 모를 말을 해 준다. 성인이 되고 나서도 자녀를 챙겨야 할 일과 시간이 너무 많으니 그런 생각 말라는 것이다. 아, 그렇구나… 다행인 거 맞나?

태어난 것만으로 최고인 거야.

生まれただけで、最高なのだ。

요코하마은행 TV 광고 (2016)

응가만 해도 기뻐하던 시절이 그리워

지금은 고등학생인 아들이 태어난 지 얼마 안 됐을 때의 일이다. 무탈하게 잘 자라던 아이가 갑자기 며칠간 변을 보지 않자 걱정이 시작됐다. 아이는 특별히 아파하거나 힘들어하지는 않았다. 그러나 시간이 지날수록 아이의 응가를 기다리는 아내와 나는 속이 타들어 갔다. 책도 찾아보고, 인터넷도 뒤지고, 병원도 다녀왔지만, 변화가 없었다. 언제부턴가 내 머릿속은 아가의 응가 생각으로 가득했다. 회사에서 일하다가 아내와 통화할 일이 생기면, 제일 먼저 묻는 게 그 일이었다. 처가 식구들도, 본가 부모님들도 아이의 배변이 최고의 근심거리가 되었다.

일주일 정도 지났을까. 아이가 있던 방에서 아내와 마침 와 계시던 장모님의 탄성이 터져 나왔다. 기쁜 소식이 온 것이다. 모두 환호했다. "아이고, 잘했다."란 말이 절로 나왔다. 본가에도 전화해서 소식을 알렸다. 아이가 변을 본 것만으로 이렇게 모두 기뻐할 수 있는 거구나. 어이없으면서도 더 바랄 게 없을 만큼 기뻤다.

그렇게 한참을 즐거워하다가 문득 부러운 생각이 들었다. '너는 싸기만 해도 칭찬을 받는구나….' 그랬다. 태어나서 응가만 해도 칭찬받는 때였다. 녀석에게 다시 돌아오지 않을 호시절. 존재 자체만으로도 모든 이에게 행복을 주던 때였다.

나에게 그때의 초조함과 불안감, 그리고 안도감과 고마움을 다시 생각나게 하는 광고가 있다. 2016년에 온에어된 요코하마은행의 TV 광고다. 이 광고는 아이들의 사진들만으로 구성되어 있다. 생활 속에서 찍힌 듯한 아이들의 사진이 이어져 나온다. 때로는 웃고, 때로는 웃으며 하루하루를 살아가는 평범한 순간의 기록들이다. 그 모습들 위에 자막이 잔잔히 흐른다.

태어난 걸 축하해.

태어나 줘서 고마워.

지금부터 시작하는 매일을

함께 즐겨 보자.

싫은 일도 슬픈 일도

함께 뛰어넘어 갈 수 있는

너의 곁에서 꿈을 보는 매일.

마지막 장면은 요코하마은행의 캐릭터인 펭귄 가족의 애니메이션으로 마무리된다. 엄마, 아빠, 아이 그리고 갓 태어난 작은 펭귄 아가까지 사진기 앞에서 포즈를 취한다. 이들의 모습 위로 이 광고의 핵심 카피가 흐른다.

태어난 것만으로 최고인 거야.

生まれただけで、最高なのだ。

아이가 태어날 때 부모가 바라는 것은 그리 거창하지 않다. 카피 그대로 태어난 것만으로도 너무 감사하고 행복하다. 아프지 않고 건강하기만 하다면 더 이상 바랄 게 없다. 그런 마음은 다른 광고의 카피 속에도 발견된다. 2012년에 게재된 필기구 전문 기업 파이롯트의 기업 PR 인쇄 광고는 이렇게 말한다.

건강하다면 그것으로 충분하다.

어쨌든 태어나 줘서 고맙다.

元気であれば、それでいい。

とにかく、生まれてきてくれて、ありがとう。

요코하마은행의 카피와 똑같은 마음을 전하고 있다. 2008년에 게재된 글리코 유업의 광고는 모든 부모를 속마음을 이렇게 대신 고백해 준다.

건강하기만 하면 괜찮다는 말이 진짜란 것을

부모가 되고 나서 알았다.

「元気でいてくれるだけでいい」が、本当のことだと

親になって知りました。

그랬던 부모들은 조금씩 변한다. 태어난 것만으로도 행복하고, 건강하기만 하면 다행이었던 부모들은 점점 바라는 게 많아진다. 부모의 기준에 맞춰 주길, 세상의 기준에 맞춰 가길 바란다. 나도 어느새 초심을 잃고 바라는 게 많아졌다. 자기 전에 양치질 좀 잘했으면. 아침에 깨울 때 성질 좀 덜 냈으면. 엄마가 골라주는 옷 잘 좀 입었으면. 엎드려 게임 유튜브 좀 그만 봤으면. 규칙적으로 운동 좀 했으면. 패스트푸드는 좀 줄였으면. 약속한 시간 외에는 컴퓨터 게임을 하지 않았으면. 성적을 지금보다 조금만 더 올려봤으면…. 나도 그 시절에 잘 해내지 못했던 수많은 것을 바라고 있다. 그리고 점점 커가는 아들과 가끔씩 서로 마음에 생채기를 내기도 한다.

어쩌다 이런 광고 카피를 접하거나, 아이가 아플 때면 그제야 돌아보게 된다. 태어나 내게 와 준 것만으로, 건강하게 잘 자라 주고 있는 것만으로 충분히 고마웠던 그때

그 마음을. 벌써 아빠 생활 18년이지만 연차는 늘어도 이상적인 아빠가 되는 것은 힘들기만 하다. 그래서인가 가끔은 그때가 그리워진다. 아이가 옹가만 해도 모두가 행복했던 그때가.

일용품 같은 건
자동으로 거기에 있었다.
부모님과 살 때는.

日用品なんて
自動的にそこにあった。
実家暮らしのときは。

미쓰이스미토모은행 신문 광고 (2011)

사랑은 보이지 않는 곳에 더 많이 묻어 있다

어제도 새벽에 깼다. 2시 반이었다. 언제부턴가 숙면을 취하지 못하고 중간에 깨는 일이 잦아졌다. 눈을 비비며 스마트폰으로 시간을 확인하고 나면 제일 먼저 하는 일은 아들 방을 들여다보는 것이다. 무거운 몸을 이끌고 가서 잠은 잘 자는지, 방이 덥거나 춥지는 않은지, 창문이 열려 있지는 않은지 등등을 살펴본다. 아들이 새벽에 다리에 쥐가 나서 고통을 호소한 적이 몇 번 있다. 그 이후로는, 새벽에 작은 소리만 들려도 재빨리 일어나 아들 방으로 향한다. 실제로 다리에 쥐가 나서 고통스러워 한 적도 있지만, 대부분의 경우 아이의 잠꼬대나 밖에서 난 엉뚱한 소리였다.

냉장고에서 물을 꺼내 마시며 '아빠가 이렇게 신경 썼다는 걸 나중에라도 알게는 될까'하고 투덜거리다가 자연스럽게 생각은 나의 어린 시절로 향한다. 아, 어머니와 아버지도 그러셨겠구나.

눈을 뜨고 일어나면 갈아입을 옷이 옷장 안에 가지런

히 놓여 있었다. 화장실에 가면 치약이며, 비누며, 샴푸와 화장지가 언제나 자기 자리를 차지하고 있었다. 가만히 있어도 밥상 위에 밥과 반찬이 놓여 있었고, 냉장고에는 내가 좋아하는 우유가 들어 있었다. 학용품이나 참고서를 사기 위해 손을 내밀면 지갑이 열렸다. 이 모든 것이 당연한 거라고 생각한 적은 없지만, 늘 당연한 것으로 받아들였다.

내 앞에 놓인 모든 것이 당연한 것이 아니라는 것은 어른이 되고, 아이를 키우면서 알게 됐다. 이 모든 것을 보이지 않는 곳에서 준비해 온 시간과 노력이 있었음을, 내가 부모가 된 먼 훗날에서야.

평소에는 늘 잊고 지내는 이 사실을 콕 짚어 주는 카피가 있다. 2011년에 게재된 미쓰이스미토모은행(三井住友銀行)의 신문 광고의 문구다.

일용품 같은 건

자동으로 거기에 있었다.

부모님과 살 때는.

日用品なんて

自動的にそこにあった。

実家暮らしのときは。

문구의 느낌상 이 광고의 화자는 부모의 품에서 막 독립한 20대 초중반의 청년인 것 같다. 호기롭게 시작한 나만의 생활. 처음엔 아무런 간섭없이 내 마음대로 사는 하루하루가 달콤했을 것이다. 친구들과 술자리를 하고 늦게 집에 들어와도 뭐라고 하는 사람이 없다. 늦은 시간에 TV를 켜고 영화를 보며, 과자 봉지나 맥주 캔을 치우지 않아도 잔소리하는 사람이 없다. 해가 중천에 뜰 때까지 이불 안에 있다가 배달 음식을 시켜도 눈 흘기는 사람이 없다.

하지만, 인생은 늘 이렇게 만족스러운 시간만 준비해 두지 않는다. 화장실 벽에 걸려 있던 화장지가 보이지 않는다. 화장지를 사 두어야 화장지가 집에 있다는 평범한 진리를 깨닫는다. 누군가 양말과 속옷을 빨아서 개 두지 않으면, 옷장에 입을 것이 없다는 사실을 직면하게 된다. 냉장고에 언제나 있던 사과와 우유도 누군가 준비해 두어야 먹을 수 있다는 준엄한 사실도 알게 된다. 어느새 눅눅해진 이불을 덮으며, 뽀송한 잠자리를 누군가가 챙겨왔음도 발견한다. 내가 누려 왔던 평범한 일상이, 눈에 보이지 않는 보호와 관심 속에서 가능했음을 예상치 못한 순간에 통감하게 된다.

이 광고에서 느껴지는 부모의 보이지 않는 사랑법을 다른 방식으로 이야기해 주는 영상이 내 눈길을 끈다. 일본의 가전업체 후지츠가 만드는 에어컨 '노크리아'의 TV 광고다. 노크리아는 에어컨의 상식을 뒤집는다는 의미에서 'aircon'의 영문 철자를 역순으로 써서 만든 브랜드명이다.

'엄마의 고백'이라는 커다란 자막과 함께 엄마 역할의 배우 이시다 유리코가 등장한다. 카메라를 바라보며 이야기하는 엄마의 모습과 스마트폰만 쳐다보며 간식을 먹고 있는 사춘기 아들의 모습이 교차된다.

말 걸지 말라는 거야?

…라고 말하고 싶은 걸 꾹 참고

슬쩍 에어컨을 켜 놓았어요.

밖에서 긴장했을 네가

집에서는 편하게 쉬라고.

엄마의 혼잣말에 이어 자막이 화면 중앙에 정립된다.

에어라는 응원을 보낸다.

エアーというエールをおくる。

이것이 엄마의 응원이다. 무뚝뚝하게 엄마를 대하는 아들을 보이지 않게 배려하고 챙기는 마음이다. 이어폰을 귀에 꽂고 있던 아들이 엄마를 돌아보며 무심하게 "뭐라고 얘기했어요?"라고 묻는다. 엄마가 조용히 웃으면서 혼잣말을 이어간다.

이런 응원을 알아채기에
아직 10년은 이르구나.

짧은 광고가 끝나자 저절로 웃음이 나온다. 사춘기 아들들은 어디 가나 다 똑같구나. 보이지 않게 아들을 챙기는 엄마들도 세상 어느 곳에서나 다 똑같구나. 광고 속의 아이도 언젠가 알게 될 것이다. 편안하게 집에 들어와 누리는 식사와 쾌적한 시간 뒤에 엄마의 사랑이 곳곳에 묻어 있었음을. 엄마의 넋두리 대로 10년이 걸릴지, 그 이상이 걸릴 지는 모르겠지만. 설령 몰라도 상관은 없다. 엄마들의 사랑법은 언제나 그런 것이었다.

에필로그

마지막 페이지를 넘기며

이 책이 나오기까지 도움을 준 분들께 감사드린다. 소개하는 글마다 관심과 격려를 아끼지 않은 브런치와 인스타그램의 구독자분들을 먼저 말하지 않을 수 없다. 그분들이 계셔서 시작된 일이다. 브런치 글 모음을 읽고 조언해 준 학교 후배 김형보(어크로스 대표), 박숙희(메멘토 대표)에게도 감사드린다. 두 사람의 칭찬과 격려 덕분에 계속 써 나갈 수 있었다. 지금도 매주 일본어를 가르쳐 주고 카피에 대한 해석에 자신감을 고취시켜 준 요시야마 히카리 님, 거듭된 질문에 귀찮아하지 않고 (혹은 귀찮아하지 못하고) 해석에 조언을 준 김문원 PD도 이 책의 숨은 공헌자다.

내 글이 많이 알려지기도 전부터 가능성을 발견하고, 출간으로 이끌어 준 포르체 출판사의 박영미 대표님과 편집팀, 마케팅팀에게도 감사드린다. 끊임없이 이 콘텐츠에 대한 관심과 애정을 표현해 주신 것을 앞으로도 잊을 수 없을 것이다.

마지막으로, 나의 빛나는 미래인 아들 찬빈과 사랑으

로 나의 모든 성취를 가능케 해 준 아내 채은숙에게 깊은 사랑과 감사를 전한다. 그리고 자식들을 위해 평생을 헌신한 어머니와 하늘나라에서도 기뻐하며 자랑스러워 하실 아버지께 이 책을 바친다.

주

1 Writers Publishing, 《毎日読みたい365日の広告コピー》, ライツ, 2017

2 横田 伊佐男, 「最後の1行」が一番大事' ホンダF1広告コピーライターの文章術, 日経ビジネス, 2022. 7.29. https://business.nikkei.com/atcl/gen/19/00473/072500006

3 에르빈 슈뢰딩거, 《생명이란 무엇인가》, 서인석, 황상익 역, 한울, 2011, 18쪽

4 조현기, 이비슬, 월급만큼만 일하는 '조용한 사직' MZ세대엔 이미 대세…팀워크 어쩌나, 뉴스1, 2022.10.07, https://www.news1.kr/articles/?4825025

5 알렉스 크리스티안, '조용한 퇴직'이 새롭지 않은 이유, BBC NEWS 코리아, 2022.9.3., https://www.bbc.com/korean/international-62658320

6 하나생명 홈페이지 https://www.hanalife.co.kr/cmn/insuranceCommonSense/insuranceCalled.do

7 영화진흥위원회 영화관입장권통합전산망 연도별 박스오피스 자료, https://www.kobis.or.kr/kobis/business/stat/boxs/findYearlyBoxOfficeList.do

8 "늙어서 깨달으면 큰일나! 젊은이는 늙고 늙은이는 죽어요", 셀레브-sellev, 2018.5.21, https://www.youtube.com/watch?v=Q2BHEQpZAMs

9 이은호, 해외 출판 시장의 시니어 출판 현황, 기획회의 590호, 2023.8.20.

10 이진원, [포브스]2022 대한민국 파워 유튜버100 TOP1~30, 중앙일보, 2022.9.1.https://www.joongang.co.kr/article/25098778#home

11 강형준, 데이터와 다양성, 한국경제, 2021년 5월 27일, https://www.hankyung.com/article/2021052774101

12 무라카미 하루키, 《직업으로서의 소설가》, 양윤옥 역, 현대문학, 2016, p.107

13 무라카미 하루키, 《직업으로서의 소설가》, 양윤옥 역, 현대문학, 2016, p.44~45

14 나무위키, https://namu.wiki/w/%EA%BC%B0%EB%8C%80

15 산드라 거스, 《묘사의 힘》, 지여울 역, 윌북, 2021

16 최인아, 《내가 원하는 것을 세상이 원하게 하라》, 해냄, 2023, p.133

광고 영상 및 이미지 출처

1-1 다이닛폰인쇄(DNP) 신문 광고, 다이닛폰인쇄 홈페이지, https://www.dnp.co.jp/news/detail/__icsFiles/artimage/2020/04/27/cnews04_0180/T0427.png

1-2 혼다 신문 광고, 닛케이신문, 2022년 7월29일, https://cdn-business.nikkei.com/atcl/gen/19/00473/072500006/p1.jpg?__scale=w:400,h:534&_sh=07c0a00740

1-3 토요타 신문 광고, 하쿠호도 케틀 홈페이지,https://www.kettle.co.jp/assets_c/2020/02/2014_toyota_makeitbetter_pos04-thumb-400x570-295.jpg

1-4 UQ모바일 TV 광고, 満島ひかり′ズバッと刺さる名言°松田龍平の懇願も一蹴 / UQ mobile CM+メイキング, moviecollectionjp, 2021년9월2일, https://www.youtube.com/watch?v=2i4_Wxb5p6w

1-5 세존그룹 신문 광고, 広告事典【編集部】 홈페이지, https://i0.wp.com/kokoku-jiten.com/wp-content/uploads/2018/05/4f8cc2728321a-c89584eabc30ef8e01e.jpg?w=564&ssl=1

1-6 동경해상일동 신문 광고, ブレーン, 2019년 3월호, https://mag.send-enkaigi.com/brain/201903/images/025a_01.jpg

1-7 영화 노보우의 성 포스터, TCC コピー年鑑 2013, p.234https://img1.daumcdn.net/thumb/R1280x0/?fname=http://t1.daumcdn.net/brunch/service/user/DMV/image/_YGLrV24BgJLj8CI_yG2Ol-wYn6M.jpg

1-8 동경해상일동 인쇄 광고, 위픽레터 홈페이지, https://letter.wepick.kr/wp-content/uploads/2023/07/%ED%99%94%EB%A9%B4-%EC%BA%A1%EC%B2%98-2023-07-04-102305.png

1-9 토요타 포스터, カービュー 홈페이지, https://cdn.snsimg.carview.co.jp/minkara/userstorage/000/021/395/460/41213e4e1f.jpg

1-10 다이묘 초등학교 폐교고지 신문 광고, 애드버타임즈, 2014년 4월 3일, https://cdn.advertimes.com/wp-content/uploads/at04020010.jpg

2-1 산토리 TV 광고, SUNTORY CM「人生には飲食店がいる」篇 30秒, TVCM JAPAN, 2022년 12월 16일, https://www.youtube.com/watch?v=mywYwkyMXjo

2-2 다이하츠 무브 신문 광고, グラマンデザイン 홈페이지, https://storage.googleapis.com/studio-design-asset-files/projects/d7WlXXYMWV/s-700x990_v-fs_webp_e7807b97-0094-4cec-8bf8-0b12ba0fd9f8.webp

2-3 산토리 바 포무 TV 광고, SUNTORY BAR Pomum CM「バー・ポームム」篇 15秒, TVCM JAPAN, 2022년 10월, 10일, https://youtu.be/EFfglDGIRvU?si=vKrrAXMkQTR8mLGR

2-4 리쿠르트 TV 광고, TVCF, https://play.tvcf.co.kr/200434

2-5 요미우리 자이언츠 신문 광고, TCC コピー年鑑 2011, p.230 https://img1.daumcdn.net/thumb/R1280x0/?fname=https://t1.daumcdn.net/brunch/service/user/DMV/image/2dZhI_nDY6lo2BvOB-qZtfyjnlo.jpg

2-6 JR東海 TV 광고, 1992年CM JR東海 シンデレラ・エクスプレス, 懐かしCMチャンネル, 2018년 5월5일,https://www.youtube.com/watch?v=ULhFyg5rJY8

2-7 산토리 크레스트 TV 광고, [일본광고] 산토리 크레스트 12년 (1991), J Copy Note, 2024년2월14일, https://youtu.be/sxDRAJztz5s

2-8 토요타 가주 레이싱 잡지 광고, TCC コピー年鑑 2016, p.287
https://t1.daumcdn.net/brunch/service/user/DMV/image/n7OXMm7z-jVcR-OdVcDncYf7emDM.jpg

2-9 U-넥스트 옥외 광고, 窪田新 홈페이지, https://static.wixstatic.com/media/74cc25_8bb77fc8ed9c4c5ab9f7c663196cb592~mv2.jpg/v1/fill/w_2804,h_1720,al_c,q_90,usm_0.66_1.00_0.01/74cc25_8bb77fc8ed9c4c5ab9f7c663196cb592~mv2.jpg

2-10 닌텐도 스위치 TV 광고, [일본광고] 닌텐도 스위치 포켓몬스터 스칼렛·바이올렛 (2022), J Copy Note, 2024년2월14일, https://youtu.be/AYH5mkCk7eQ

3-1 모리나가 제과 인제리 TV 광고, MORINAGA inゼリー CM「受験にinゼリー2020」篇 15秒, TVCM JAPAN, 2022년 2월22일, https://www.youtube.com/watch?v=rzZ5t26YAns
3-2 맥도날드 포스터, WITNEY 홈페이지, https://wtny.jp/src/2020/05/200111_mcdonalds_01.jpg
3-3 JR 인쇄 광고, さとうさん・メールネット홈페이지, http://www.satou3.com/18kippu/18-2007s.jpg
3-4 노무라 그룹 인쇄 광고, 브런치 생각을 깨우는 한 줄의 광고카피들, https://img1.daumcdn.net/thumb/R1280x0.fjpg/?fname=https://t1.daumcdn.net/brunch/service/user/DMV/image/nDMtEBJOz-FV6iwIzRDDJO_2s54.jpeg
3-5 유캔 Web 영상 광고, [일본광고] 유캔 (2022), J Copy Note, 2024년 2월 14일, https://youtu.be/CfRT1gppY6w
3-6 포카리스웨트 포스터, 広告事典【編集部】 홈페이지, https://i0.wp.com/kokoku-jiten.com/wp-content/uploads/2018/07/DaVoZl5VQAEqEUl.jpg?w=847&ssl=1
3-7 혼다 인쇄 광고, TCC コピー年鑑 2011, p.118 https://img1.daumcdn.net/thumb/R1280x0/?fname=http://t1.daumcdn.net/brunch/service/user/DMV/image/GwUUkqoan-8XoYxkJFWeUtZhNfo.jpg
3-8 미츠비시지쇼 TV 광고, 「僕にしかできないこと」篇改訂2021 60秒, 三菱地所公式チャンネル, 2021년 6월 12일, https://youtu.be/gShr-WBljoI?si=XSeJn0Petl3QxMuW
3-9 미쓰이스미토모은행 TV 광고, 三井住友銀行「THE POWER TO BELIEVE」シリーズCM, moviecollectionjp, 2021년 7월 22일, https://youtu.be/Zhn2LAA_urs?si=oqmK6GOBidmqJQUZ
3-10 고쿠시칸대학 팜플렛, X コピーライター@copy_writter, 2015년 5월6일, https://img1.daumcdn.net/thumb/R1280x0.fjpg/?fname=https://t1.daumcdn.net/brunch/service/user/DMV/image/MTkZ59XITAw91uwaWaK7EZuI2EU.jpeghttps://twitter.com/copy_writter/status/595875328049852416

4-1 NTT동일본 인쇄 광고, TCC コピー年鑑 2010, p.177 https://img1.daumcdn.net/thumb/R1280x0.fjpg/?fname=https://t1.daumcdn.net/brunch/service/user/DMV/image/hp5vR6uJPWH8dv2tJ49IkH-

HuSwg.jpeg

4-2 조니워커 블랙라벨 TV 광고, TVCF, https://play.tvcf.co.kr/859185

4-3 도련님 문학상 포스터, TCC コピー年鑑 2011, p.71 https://img1.daumcdn.net/thumb/R1280x0/?fname=https://t1.daumcdn.net/brunch/service/user/DMV/image/MvSLIOBABAbKvPsWmcxS9D_gAY4.jpg

4-4 맥도날드 TV 광고, 広末涼子'超カワイイ～！ 25年前の自分と共演！？レアな高知弁も披露「ベーコンポテトパイ」新TVCM, ORICON, 2022년 4월 7일, https://youtu.be/sP5DG9m7zW-M?si=o8PxMPAv7gJxJnY3

4-5 이코마시 포스터, PR타임즈, 2018년 3월1일, https://prtimes.jp/i/6886/31/resize/d6886-31-542760-0.jpg

4-6 도쿄 스마트 드라이버 포스터, 도쿄 스마트 드라이버 공식 페이스북 페이지, https://www.facebook.com/japansmartdriver/photos/pb.100064708327993.-2207520000/812109702179469/?type=3

4-7 파이롯트 신문 광고, 파이롯트 홈페이지, https://www.pilot.co.jp/ad/corporate/images/paperimg08.jpg

4-8 메이덴샤 TV 광고, 「電気よ'動詞になれ°」《照らせ°》篇(CM 30秒)【明電舎公式】, 明電舎公式チャンネル, 2021년 10월 5일. https://www.youtube.com/watch?v=_KJar-888Bk

4-9 아사히 생맥주 TV 광고, [일본광고] 아사히 생맥주 수고하生습니다 편, https://youtu.be/ByKwSrurcQo

4-10 일본홈즈 신문 광고, TCC コピー年鑑 1976, p.138, https://img1.daumcdn.net/thumb/R1280x0/?fname=http://t1.daumcdn.net/brunch/service/user/DMV/image/j3TIwhbcc1ubwyFfz-5sfJFSxBE.jpg

5-1 파이롯트 신문 광고, 파이롯트 홈페이지, https://www.pilot.co.jp/ad/corporate/images/paperimg17.jpg

5-2 산토리 크래프트 위스키 TV 광고, [일본광고] 산토리 위스키 아버지의 날 편, J Copy Note, 2024년 2월 14일, https://youtu.be/uMrr-q-FzXo

5-3 칼로리메이트 인쇄 광고, ブレーン, 2017년 2월호 https://mag.sendenkaigi.com/brain/201702/images/019_01.jpg

5-4 캐논 신문 광고, TCC コピー年鑑 1983, p.337 https://t1.daumcdn.net/brunch/service/user/DMV/image/wsuJuQcXYhsf6k0inDAlZd-

6mWDQ.jpg

5-5 일본생명 TV 광고, [일본광고] 일본생명 (2018), J Copy Note, 2024년 2월14일, https://youtu.be/MoO5s9FXtnU

5-6 맥도날드 TV 광고, マクドナルド新テレビCM「ピクルスのリレー」篇, ORICON, 2022년 8월 9일, https://www.youtube.com/watch?v=zqfmZrJ6DFM

5-7 JR 인쇄 광고, そうだ 京都'行こう캠페인 홈페이지, https://souda-kyoto.jp/_assets/_img/campaign/1994_07.jpg

5-8 일본우정공사 TV 광고, 日本郵便「成人の日キャンペーン」, ORICON, 2023년 1월 9일, https://youtu.be/mwOkTKtCWgY?si=F5gkiWfMbX918fcU

5-9 요코하마은행 TV 광고, 요코하마은행 홈페이지, https://www.boy.co.jp/boy/brand/mainichi/tvcm/video/tvcm01.mp4

5-10 미쓰이스미토모은행 신문 광고, TCC コピー年鑑 2011, p.262 https://t1.daumcdn.net/brunch/service/user/DMV/image/WAiR1c95ZPE69W3yLhVxRAOd7l8.jpg

한 줄 카피

초판 1쇄 발행 2024년 6월 6일
초판 2쇄 발행 2024년 7월 31일

지은이 정규영
펴낸이 박영미
펴낸곳 포르체

출판신고 2020년 7월 20일 제2020-000103호
전화 02-6083-0128 | **팩스** 02-6008-0126
이메일 porchetogo@gmail.com
포스트 https://m.post.naver.com/porche_book
인스타그램 www.instagram.com/porche_book

ISBN 979-11-93584-43-9 (03320)

- 이 책의 국립중앙도서관 출판시도서목록은 서지정보유통지원시스템 홈페이지(http://seoji.nl.go.kr)와 국가자료공동 목록시스템(http://www.nl.go.kr/kolis-net)에서 이용하실 수 있습니다.
- 잘못된 책은 구입하신 서점에서 바꿔드립니다.
- 책값은 뒤표지에 있습니다.